Luan Ferr

Deísmo
De la Filosofía a la Espiritualidad

Copyright
Título Original: **Deism: From Philosophy to Spirituality**
Copyright © 2023, publicado en 2024 por Luiz Antonio dos Santos ME.

Este libro examina los orígenes y el desarrollo de la filosofía deísta, abordando el papel de la razón, la observación de la naturaleza y la espiritualidad en la búsqueda de la comprensión de lo divino. Ofrece una perspectiva histórica y filosófica sobre cómo el deísmo ha influido en el pensamiento religioso y científico, sin promover doctrinas o prácticas específicas.

Segunda edición
Equipo de producción de la segunda edición
Autor: Luan Ferr
Correctora: Virginia Moreira dos Santos
Diseño gráfico y maquetación: Arthur Mendes da Costa
Portada: Anderson Casagrande Neto
Traducción: Gustavo Gomes

Publicación e Identificación
Deísmo / Por Luan Ferr
Editorial Booklas, 2024
Categorías: Filosofía / Religión / Cuerpo, Mente y Espíritu
DDC: 211 - **CDU:** 141.6

Copyright
Todos los derechos reservados a:
Ediciones Booklas / Luiz Antonio dos Santos ME

Este libro no puede ser reproducido, distribuido o transmitido, total o parcialmente, por ningún medio, electrónico o impreso, sin el consentimiento expreso del titular del copyright.

Contenido

Marcel Dubois 5
Luan Ferr 7
Capítulo I El Descubrimiento del Deísmo 8
Capítulo 2 El Despertar de la Razón 14
Capítulo 3 Los Fundamentos de la Razón Deísta 18
Capítulo 4 Los Orígenes de la Filosofía Deísta 25
Capítulo 5 El Universo Como Libro Abierto 29
Capítulo 6 Dios Creador y Observador 32
Capítulo 7 La Visión Deísta de Dios 39
Capítulo 8 La Naturaleza Como Revelación Divina ... 47
Capítulo 9 La Razón Como Guía en la Exploración del Cosmos 57
Capítulo 10 La Libertad Intelectual en el Deísmo 66
Capítulo 11 La Búsqueda Continua de la Verdad Divina 75
Capítulo 12 La Síntesis de la Razón Deísta 80
Capítulo 13 La Ciencia Como Aliada en la Búsqueda de lo Divino 85
Capítulo 14 La Visión Deísta de Dios 93
Capítulo 15 La Evolución de las Representaciones de Dios 99
Capítulo 16 La Evolución de las Representaciones de Dios 107
Capítulo 17 La Universalidad de la Búsqueda de Dios 116
Capítulo 18 Comprender a Dios en la Edad Moderna 124
Capítulo 19 La Humanidad y la Búsqueda de Dios 132
Capítulo 20 Dios Como Expresión del Misterio Universal 140
Capítulo 21 La Filosofía Deísta en la Práctica 149

Capítulo 22 Dios más Allá del Espacio y del Tiempo 157
Capítulo 23 La Naturaleza del Alma en el Deísmo 164
Capítulo 24 Contribución a la Historia de la Humanidad 168
Capítulo 25 Deístas Famosos 174
Agradecimientos 178

Marcel Dubois

El libro que presentamos es el resultado de una entrevista que nuestro equipo de investigación realizó a un maestro deísta llamado Marcel Dubois. Marcel vive en un pequeño pueblo de la campiña francesa, cerca del castillo de Bonaguil, una fortaleza medieval del siglo XV situada en la comuna de Saint-Front-sur-Lémance, en el departamento de Lot-et-Garonne, en la región de Nouvelle-Aquitaine, en el suroeste de Francia.

Marcel nos recibe en su casa, un antiguo edificio de piedra rodeado de un jardín florido. Al entrar en la casa, nos envuelve de inmediato un ambiente acogedor y enriquecedor. La sala donde tiene lugar la entrevista es su biblioteca personal, un espacio con estanterías de roble oscuro que se extienden desde el suelo hasta el techo, repletas de libros antiguos, algunos con detalles dorados. La madera de las estanterías desprende un suave aroma, que parece evocar la sabiduría acumulada en las páginas de esos muchos libros.

En las paredes que no están forradas de estanterías, cuadros de paisajes naturales y retratos de figuras filosóficas adornan la estancia. Un óleo del impresionante paisaje que rodea su pueblo crea una sensación de conexión con la naturaleza. Otro cuadro, un grabado en blanco y negro de Voltaire, el pensador de la Ilustración, parece observar en silencio la conversación que tiene lugar.

Marcel Dubois, el maestro deísta, viste con sencillez y elegancia. Lleva una camisa blanca de lino, que parece hecha a medida, combinada con un pantalón negro de lana y un chaleco azul marino. Su pelo gris está impecablemente peinado y sus ojos claros irradian tranquilidad y sabiduría.

Durante la entrevista, Marcel nos ofrece té de manzanilla, servido en delicadas tazas de porcelana adornadas con flores azules. El té desprende un aroma reconfortante, que se mezcla con el olor de los libros antiguos. La temperatura ambiente es suave, típica del otoño, con una chimenea encendida en un rincón de la sala, que proporciona el suave calor que contrasta con el fresco exterior.

Este entorno, lleno de elementos que evocan la naturaleza, la erudición y la contemplación, proporcionó el ambiente perfecto para la conversación con Marcel Dubois sobre su fe, su visión del mundo y sus enseñanzas.

Luan Ferr

Sin la razón, Dios no existiría, pues es a través de ella que la mente se eleva para intuir lo que trasciende su propia naturaleza, siendo la razón a la vez el instrumento y el receptáculo de lo que busca. Sin embargo, Dios, siendo la esencia misma de la razón, permanece más allá de los límites de la comprensión. Paradójicamente, sólo mediante el ejercicio de la razón concebimos lo divino, reconociendo que comprender a Dios es, en última instancia, abrazar el misterio de una razón que excede a la propia razón, siendo ésta, como Dios mismo, el principio y el fin de todas las cosas.

Luan Ferr

Capítulo I
El Descubrimiento del Deísmo

Marcel Dubois era un joven médico en la ciudad de Aviñón, Francia, cuando las dudas sobre las concepciones convencionales de Dios empezaron a atormentarle. Creció en el seno de una familia devota, asistiendo regularmente a la iglesia y aprendiendo acerca de un Dios presentado como una figura paternal e intervencionista con características humanas. Al estudiar medicina y ver sufrir a la gente, la imagen tradicional de Dios empezó a parecerle inadecuada.

Marcel veía personas que sufrían enfermedades incurables, niños que nacían con discapacidades y una creciente disparidad entre ricos y pobres. Empezó a preguntarse cómo un Dios benevolente podía permitir tanto sufrimiento y desigualdad.

A medida que crecían sus dudas, Marcel recurrió a las escrituras religiosas convencionales en busca de respuestas, pero al leer los textos considerados sagrados, se encontró con descripciones de un Dios que le dejaron aún más confuso. Dios, en estos escenarios, era a menudo retratado como un ser antropomórfico, con características humanas, emociones e incluso preferencias. Esta representación de Dios como una figura humana le parecía demasiado simplista.

La primera reacción racional de Marcel tras consultar las Escrituras fue concluir que Dios no existía, y fue entonces cuando algo en su interior se negó a adoptar tal perspectiva. Sus dudas y su desencanto le llevaron a buscar una comprensión más profunda y personal de Dios. Anhelaba una conexión espiritual que no estuviera limitada por dogmas religiosos o representaciones simplistas.

Mientras Marcel Dubois continuaba su búsqueda de una comprensión más profunda de Dios, se encontró inmerso en un mar de filosofías religiosas y espirituales. Estudió las tradiciones religiosas del mundo, exploró la teología de diferentes culturas y leyó mucho sobre filosofía. Marcel quería encontrar un Dios que fuera compatible con su intuición, portador de un poder superior que trascendiera las limitaciones humanas.

Sin embargo, Marcel aún no había encontrado una filosofía que respondiera a todas sus preguntas. Se preguntaba por la finalidad de la existencia, el sentido de la vida y el destino del alma después de la muerte. Sus indagaciones le llevaron a cuestionar las religiones organizadas que no tenían las respuestas; en él había lugar para una comprensión más amplia y libre de Dios.

Marcel empezó a explorar las obras de filósofos que cuestionaban las concepciones tradicionales de Dios. Le intrigaban los argumentos de pensadores que veían a Dios como una fuerza impersonal, una energía que impregnaba el cosmos. Estas ideas le hicieron preguntarse si la divinidad podía ser algo más que una entidad con voluntad propia, sino una presencia universal que operaba según las leyes naturales.

A medida que se sumergía en su búsqueda, Marcel fue sintiendo que el deísmo, una filosofía que enfatizaba la creencia en un Dios trascendente, no intervencionista e inmanente en el universo, se ajustaba más a su visión personal. El deísmo parecía ofrecer la libertad de explorar y desarrollar la propia comprensión de Dios, sin las restricciones de las doctrinas religiosas convencionales.

En esta etapa de su viaje, Marcel empezó a formular sus propias teorías sobre la espiritualidad y Dios.

La inquietud del alma de Marcel Dubois siguió creciendo a medida que profundizaba en su búsqueda. Sus conversaciones con teólogos, las lecturas de textos sagrados y la exploración de distintas corrientes espirituales no hacían sino acrecentar su deseo de comprender más plenamente lo divino.

A veces, Marcel se preguntaba si la humanidad había proyectado sus propias debilidades e imperfecciones en su concepción de Dios. Esto le llevó a considerar la posibilidad de que la verdadera naturaleza de Dios fuera muy diferente, algo más allá de la comprensión humana y externo a las religiones establecidas. Consideraba que la divinidad no podía reducirse a una simple figura con características humanas.

La visión de un Dios que no interviene directamente en los asuntos humanos, sino que establece las leyes naturales que rigen el universo, empezó a tener más sentido. Vio a Dios como el Creador y Mantenedor del cosmos, cuyas leyes universales permitían que la vida existiera y evolucionara. Esta visión no sólo hacía a Dios más imparcial, sino que también hacía más accesible la comprensión divina.

Sin embargo, Marcel seguía enfrentándose a desafíos, se preguntaba sobre el propósito de la vida y el destino del alma después de la muerte, cuestiones que seguían inquietándole.

A medida que Marcel Dubois avanzaba en su búsqueda de una comprensión más clara de Dios, se encontró en una encrucijada. Sus persistentes dudas sobre las religiones convencionales y sus crecientes convicciones sobre la naturaleza divina le sumieron en un estado de profunda reflexión.

Fue en una tarde lluviosa, mientras exploraba su vasta colección de libros, cuando tuvo un encuentro que cambiaría el curso de su historia. Entre los muchos volúmenes polvorientos que componían su vasta biblioteca, descubrió un antiguo tratado sobre el deísmo, escrito por un filósofo del siglo XVIII.

La sencillez y claridad del texto resonaron profundamente en Marcel. Para él, el deísmo era la respuesta a todas las preguntas. Era la filosofía que conciliaba su búsqueda de la verdad con su comprensión de un Dios superior.

En los días siguientes, Marcel se sumergió en la lectura y el estudio del deísmo, descubriendo que esta filosofía había sido abrazada por muchos de los más grandes pensadores de la historia, que veían en el deísmo la única forma de armonizar la razón con la espiritualidad, permitiéndoles explorar las cuestiones divinas sin someterse al dogma religioso.

Se estableció una profunda conexión con esta tradición de pensamiento. Marcel se dio cuenta de que el deísmo no sólo abarcaba su creencia en un Dios trascendente e inmanente, sino que también fomentaba la búsqueda constante de la verdad a través de la razón y la observación del mundo natural. Era una filosofía que permitía que su fe floreciera sin las restricciones de las interpretaciones religiosas tradicionales, y algo muy relevante, la historia del deísmo estaba impoluta.

El descubrimiento del Deísmo fue un momento de claridad espiritual. Marcel comenzó a abrazar plenamente esta filosofía, no sólo como una respuesta a sus propias preguntas, sino como una forma de compartir su comprensión de lo divino con los demás. Fue entonces cuando su viaje espiritual lo transformó de buscador en defensor del deísmo, y luego en maestro deísta.

Así, Marcel Dubois encontró su propósito: difundir los principios del deísmo, inspirar a otros a cuestionar las concepciones convencionales de Dios y guiar a quienes buscan una comprensión más profunda del Ser divino. Su viaje de transformación espiritual no sólo cambió su vida, sino que forjó el destino de muchos que compartieron su sabiduría y su visión de Dios. Y mientras continuaba explorando las complejidades de la espiritualidad y la existencia, el legado de Marcel como maestro deísta siguió creciendo, ofreciendo luz e inspiración a quienes buscaban respuestas a sus propias preguntas sobre Dios y el sentido de la vida.

Capítulo 2
El Despertar de la Razón

Hace mucho tiempo, cuando los seres humanos buscaban respuestas a las preguntas que rodeaban su propia existencia, un grupo de pensadores de mente aguda se embarcó en un viaje intelectual que, con el tiempo, florecería en la formación de una filosofía profundamente reverente de la razón y la observación.

En tiempos pasados, cuando las religiones institucionales ejercían un dominio absoluto, dictando la vida de los individuos a través de rituales y dogmas, empezaron a surgir murmullos disidentes, susurros de cuestionamiento que se atrevían a desafiar las explicaciones simplistas.

El advenimiento del deísmo, que surgió de los cimientos de los pensadores del Renacimiento y de las mentes agudas de la Revolución Científica, fue una respuesta a estos murmullos disidentes. A medida que se acumulaban los descubrimientos y avances en astronomía, física y biología, estas almas valientes empezaron a discernir un patrón intrigante que emergía ante sus ojos.

No se trata, históricamente, de una mera contemplación de deidades lejanas lo que estos primeros filósofos observaron cuando fijaron su mirada en los cielos nocturnos. Por el contrario, percibían una armonía incuestionable, como una coreografía celeste, en la que estrellas y planetas desempeñaban papeles precisos. Cada órbita proclamaba en silencio la armonía cósmica.

Contemplaban la complejidad intrínseca de la naturaleza y observaban la invariabilidad de los fenómenos naturales. Las estaciones seguían su curso con regularidad, los ríos fluían obedeciendo las leyes de la física y la vida se desarrollaba según patrones que desafiaban el azar. De esta meticulosa observación surgió una pregunta fundamental: «¿Es la propia naturaleza el vehículo a través del cual Dios se revela?».

Así, los antepasados deístas, pioneros de esta filosofía, desafiaron los relatos tradicionales y propusieron una comprensión más profunda de la divinidad. Para ellos, Dios no era un despótico soberano celestial que gobernaba mediante castigos y recompensas, sino un Creador que había dotado a la humanidad de un precioso don: la razón.

El deísmo es una filosofía que hace hincapié en la razón como instrumento de conocimiento y conexión con lo trascendente. La razón se concibe como una luminiscencia divina, presente en todo ser humano como un don sagrado. Esta luz facultativa favorece la búsqueda del conocimiento y la aprehensión de la intrincada trama que constituye el mundo que nos rodea. En el deísmo, esta luminiscencia se percibe como un vínculo directo con el Creador, una chispa que guía la búsqueda de la comprensión de lo divino.

Por ello, el deísmo fomenta la indagación, la investigación y la exploración. Cree que la verdad se revela a través de análisis cuidadosos y reflexiones profundas.

A diferencia de las religiones que exigen una fe ciega, el deísmo se guía por la razón como brújula que orienta el viaje hacia la verdad.

El deísmo es, pues, una invitación a la contemplación reverente, reconociendo el gran orden que impregna el universo. Los deístas interpretan los fenómenos naturales como manifestaciones de la sagacidad divina. No ven a Dios como un tirano celestial, sino como el Creador que concede a la humanidad el don de la libertad intelectual. Así, los seres humanos son libres de explorar la verdad y forjar su propia comprensión de lo divino basándose en su propia búsqueda personal.

El deísmo es partidario de trascender las limitaciones de las interpretaciones literales de las escrituras y, en su lugar, abrazar una comprensión más profunda e iluminada de la divinidad. Es una filosofía que fomenta la exploración de la naturaleza y de Dios a través de la observación perspicaz del mundo natural y de la reflexión reflexiva.

Capítulo 3
Los Fundamentos de la Razón Deísta

Es esencial darse cuenta de que la razón es la luz que nos guía en la oscuridad. Es la llama que nos impulsa a buscar respuestas a las preguntas profundas que impregnan la existencia. Sin la razón, estaríamos perdidos en la inmensidad de lo desconocido, incapaces de descifrar los misterios del universo y de Dios. Sin la razón, la raza humana se habría extinguido o seguiría viviendo en cuevas.

En el deísmo, la razón es el fundamento que nos permite comprender a Dios mediante la observación atenta del mundo que nos rodea. Puede considerarse como la llave que abre los secretos de la creación. Cuando contemplamos la complejidad de la naturaleza, cuando observamos las leyes que rigen el universo, somos conducidos a una profunda apreciación de la inteligencia divina que lo impregna todo.

Es como si la razón fuera una lupa que nos permite ver detalles invisibles a simple vista. Nos permite percibir el orden y la armonía que se ocultan tras la apariencia caótica de la vida. Es a través de la razón como empezamos a reconocer que el universo no es fruto del azar, sino el resultado de una mente creadora e inteligente.

La razón es el germen de la comprensión de Dios, el punto de partida del camino espiritual. Nos permite cuestionar dogmas y creencias infundadas, animándonos a explorar el mundo natural con ojos críticos y mente abierta. A medida que cultivamos nuestra capacidad de razonar, empezamos a ver la complejidad de la creación como una expresión de la sabiduría divina.

La razón, como se ha dicho, es el faro que nos guía en nuestra exploración de lo divino. Ahora, nos conducirá a través del universo infinito, revelando cómo los deístas la utilizamos como herramienta crucial para descifrar los patrones y el orden inherentes a la creación.

Al contemplar el cosmos, nos sumergimos en una inmensidad que desafía la comprensión. Millones de estrellas salpican el cielo, las galaxias se extienden hasta donde alcanza la vista y fenómenos cósmicos inimaginables ocurren a miles de millones de años luz. En este entorno, es la razón la que nos permite empezar a comprender esta grandeza.

Nosotros, y cuando digo nosotros me refiero a los deístas, entendemos el cosmos como la manifestación de la inteligencia divina. Cada galaxia, cada estrella y cada planeta desempeñan papeles precisos en una danza cósmica orquestada por una mente creadora. Es a través de la razón como empezamos a discernir esta armonía.

Imaginemos que la razón es como un potente telescopio que nos permite observar detalles que de otro modo permanecerían invisibles. Nos permite estudiar las leyes naturales que rigen el universo, como la gravedad, la termodinámica y la mecánica cuántica, y reconocer en ellas la huella de la inteligencia divina.

A través de la razón, empezamos a darnos cuenta de que el cosmos no es un caos aleatorio, sino una inmensa sinfonía cósmica en la que cada elemento desempeña su papel según leyes precisas. La observación atenta del cosmos nos lleva a admirar el orden que impregna el universo, como si cada estrella y cada galaxia fueran notas de una partitura escrita por Dios.

En el viaje que emprendemos como maestros deístas, la razón destaca como herramienta esencial para discernir la verdad divina y desafiar las creencias ciegas que a menudo oscurecen la comprensión.

Como ya se ha dicho, han surgido voces discrepantes que se han negado a aceptar explicaciones simplistas. Aquí, la razón se erige en aliada en la lucha contra la rigidez dogmática. Consideramos que la razón es el antídoto contra la aceptación pasiva de dogmas religiosos inflexibles, que a menudo sólo sirven para fines nobles.

Al esgrimir la razón, estamos capacitados para cuestionar los relatos que se nos han impuesto, para desafiar las respuestas predeterminadas y para explorar lo desconocido con valentía intelectual.

Los deístas no se contentan con explicaciones superficiales. Se esfuerzan por buscar la verdad mediante la observación perspicaz y el pensamiento crítico. La razón es su brújula, que les guía en su viaje en busca de la verdad divina.

Frente a los dogmas inflexibles, la razón nos invita a investigar, cuestionar y explorar más allá de las limitaciones impuestas por las creencias ciegas. Nos permite discernir la verdad mediante la observación atenta, permitiéndonos distinguir entre la fe ciega y la comprensión razonada.

Como ya se ha dicho, la razón es la lente que nos permite observar y comprender el mundo, pero también se considera el medio de conexión directa con Dios, después de todo, a Dios sólo se le conoce a través de la razón.

Para entender esta conexión, es necesario considerar que, en el Deísmo, Dios es concebido como el gran arquitecto del universo, el que creó las leyes naturales que rigen la existencia. La razón, a su vez, es vista como una chispa divina presente en cada ser humano, un don sagrado que nos permite buscar el conocimiento y comprender la complejidad del mundo que nos rodea. Sin la razón sólo seríamos animales irracionales.

La razón nos permite cruzar el abismo que separa la mente humana de la mente de Dios. Cuando contemplamos la naturaleza y observamos las leyes que rigen el universo, estamos, en cierto modo, sintonizando nuestra mente con la mente divina.

Creemos que, al utilizar la razón para comprender el mundo natural, de alguna manera estamos tratando de comprender al propio Dios. Cada descubrimiento científico, cada observación minuciosa de la naturaleza, se considera un paso hacia la comprensión de la mente creadora que hay detrás de la creación.

Para enriquecer su exploración del papel de la razón en el deísmo, le invito a hacer un breve viaje en el tiempo, a la época medieval, cuando el dogma religioso era incuestionable y la fe sustituía innegablemente a la razón.

Imagínese, por un momento, en un mundo en el que las creencias religiosas se rigen por doctrinas rígidas e inflexibles, en el que los dogmas se aceptan sin cuestionarlos. Tiempos en los que el pensamiento corriente a menudo consideraba ciertos conceptos que hoy nos parecen absurdos.

En esta época, la Tierra se consideraba el centro del universo, con el Sol y los planetas girando a su alrededor. El cosmos, por misterioso que fuera, se interpretaba según las concepciones religiosas de la época. Las ideas que desafiaban esta visión, como la noción de un universo infinito y en constante expansión o la teoría de que la Tierra giraba alrededor del Sol y no al revés, se consideraban heréticas y extremadamente peligrosas.

Imagínese lo difícil que sería vivir en un mundo en el que la razón se ve a menudo sofocada por la autoridad de la fe y las instituciones religiosas. Qué difícil sería cuestionar los dogmas que moldean nuestra comprensión del universo y de la existencia.

Es importante subrayar que, a lo largo de la historia, la humanidad ha progresado gracias a la capacidad inherente de cuestionar, explorar lo desconocido y desafiar las explicaciones simplistas. Gracias a la razón, nos hemos liberado de las ataduras de la ignorancia dogmática y nos hemos embarcado en un viaje intelectual en busca de la verdad. Hemos avanzado algo, pero el deísmo nos invita a continuar el viaje, a reflexionar sobre la importancia fundamental de cuestionar, investigar y explorar, incluso cuando el mundo que nos rodea insiste en aceptar explicaciones fabricadas.

A medida que avancemos en este tema, profundizaremos en los principios del Deísmo y en cómo la razón nos permite comprender a Dios y la complejidad de la existencia. Te invito a mantener la mente abierta, abrazar el pensamiento crítico y avanzar en este viaje con valentía intelectual. Porque, al igual que aquellos primeros deístas, se nos desafía a buscar la verdad divina a través de la razón y la observación perspicaz, incluso cuando ello signifique desafiar las creencias que nos han sido legadas.

Capítulo 4
Los Orígenes de la Filosofía Deísta

En el Renacimiento, Europa fue testigo de un renacimiento cultural e intelectual que resonaría a lo largo de los siglos, marcando profundamente la historia de la humanidad. Este periodo de efervescencia intelectual fue un faro para las mentes inquisitivas, que empezaron a cuestionar las concepciones tradicionales que habían prevalecido durante siglos.

Entre los siglos XIV y XVI, el continente europeo se convirtió en el epicentro de una revolución cultural, donde el arte, la ciencia y la filosofía florecieron como nunca antes. Fue una época de redescubrimiento de las obras de la antigüedad clásica, así como de exploración de nuevas fronteras del conocimiento.

En este renacimiento cultural, los pensadores del Renacimiento miraron tanto al pasado como al futuro. Se inspiraron en las antiguas ideas griegas y romanas, al tiempo que exploraban las ricas culturas de Oriente. Impulsados por una curiosidad insaciable, cuestionaron las interpretaciones religiosas tradicionales que habían moldeado la sociedad durante siglos.

En este contexto surgió la filosofía humanista. Los humanistas celebraron la capacidad intrínseca de la humanidad para la razón y la creatividad, creyendo que los seres humanos desempeñan un papel activo en la búsqueda de la verdad. La razón se convirtió en la guía para comprender el mundo y la espiritualidad.

Surgieron figuras notables como Leonardo da Vinci, que exploró la conexión entre el arte y la ciencia, y Nicolás Maquiavelo, que cuestionó las concepciones tradicionales del gobierno y el poder. Estos pensadores abrieron la puerta a una visión más abierta y crítica del mundo, una visión que, como veremos, influiría profundamente en el Deísmo.

La Revolución Científica, otro hito crucial en la historia del pensamiento humano, trajo consigo notables avances en los campos de la astronomía, la física y la biología. Durante este periodo de efervescencia intelectual, mentes brillantes como Copérnico, Galileo Galilei y Johannes Kepler revolucionaron la comprensión del universo.

Estos visionarios sentaron las bases de la astronomía moderna, desafiando la visión geocéntrica del universo y afirmando que la Tierra no era el centro del cosmos, sino sólo un pequeño planeta en órbita alrededor del Sol. Sus descubrimientos fueron radicalmente innovadores y cuestionaron viejas concepciones que establecían al hombre como la cúspide de la creación divina.

En el ámbito de la física, Isaac Newton se erigió en figura emblemática de la Revolución Científica. Su teoría de la gravedad y sus leyes del movimiento proporcionaron un marco sólido para comprender el funcionamiento del universo. El poder de la razón, junto con la observación meticulosa y la investigación crítica, fueron fundamentales para sus descubrimientos.

En biología, figuras como Andreas Vesalius y William Harvey hicieron avanzar la comprensión del cuerpo humano y la circulación sanguínea mediante estudios anatómicos y experimentos. A medida que se revelaban nuevas perspectivas sobre la vida y la naturaleza, la observación y la experimentación se convirtieron en piedras angulares de la investigación científica.

La Revolución Científica no sólo desafió los dogmas establecidos, sino que también elevó la razón como herramienta fundamental para comprender el mundo natural. Los pioneros de esta revolución demostraron que la observación cuidadosa y la investigación crítica eran esenciales para la búsqueda de la verdad. Esto resonaba profundamente en la filosofía deísta.

Al cuestionarse las interpretaciones literales de las escrituras y los dogmas tradicionales, se abrieron nuevos horizontes para comprender la espiritualidad. En este contexto de ideas turbulentas y escepticismo religioso, el deísmo surgió como la filosofía que situaba la razón en el centro de la búsqueda de Dios.

Los deístas se negaron a aceptar pasivamente los relatos religiosos convencionales. En su lugar, propusieron una comprensión profunda y racional de lo divino. Para los deístas, la razón era una aliada en la búsqueda de la verdad espiritual, especialmente cuando las verdades dogmáticas se desmoronaban. El deísmo surgió como respuesta al escepticismo religioso de la época.

Esta filosofía alaba la razón como luz que ilumina el camino en la oscuridad de la incertidumbre, permitiéndonos discernir la verdad mediante la observación meticulosa y el pensamiento crítico. El deísmo celebraba la búsqueda de la verdad basada en la razón, frente a la fe ciega. Cuando la caída de un dogma arrojó sospechas sobre otros, se animó a las mentes inquisitivas a cuestionar profundamente las verdades establecidas por la fe dominante.

Esta conversación inicial es el comienzo del viaje. A medida que avanzamos, profundizamos en los conocimientos y principios del Deísmo, explorando cómo la razón se convierte en una aliada para comprender a Dios y la complejidad de la existencia. Mantén la mente abierta, abraza el pensamiento crítico para continuar este viaje con valentía intelectual, al igual que aquellos primeros deístas que se atrevieron a desafiar las creencias que les habían sido legadas.

Capítulo 5
El Universo Como Libro Abierto

Para entender esta conexión, es necesario considerar que, en el deísmo, Dios es concebido como el gran arquitecto del universo, el que creó las leyes naturales que rigen la existencia. La razón, a su vez, es vista como una chispa divina presente en cada ser humano, un don sagrado que nos permite buscar el conocimiento y comprender la complejidad del mundo que nos rodea. Sin la razón, sólo seríamos animales irracionales.

La razón nos permite cruzar el abismo que separa la mente humana de la mente de Dios. Cuando contemplamos la naturaleza y observamos las leyes que rigen el universo, estamos, en cierto modo, sintonizando nuestra mente con la mente divina.

Creemos que, al utilizar la razón para comprender el mundo natural, de alguna manera estamos tratando de comprender al propio Dios. Cada descubrimiento científico, cada observación minuciosa de la naturaleza, se considera un paso hacia la comprensión de la mente creadora que hay detrás de la creación.

Para enriquecer su exploración del papel de la razón en el deísmo, le invito a hacer un breve viaje en el tiempo, a la época medieval, cuando el dogma religioso era incuestionable y la fe sustituía innegablemente a la razón.

Imagínese, por un momento, en un mundo en el que las creencias religiosas se rigen por doctrinas rígidas e inflexibles, en el que los dogmas se aceptan sin cuestionarlos. Tiempos en los que el pensamiento corriente a menudo consideraba ciertos conceptos que hoy nos parecen absurdos.

En esta época, la Tierra se consideraba el centro del universo, con el Sol y los planetas girando a su alrededor. El cosmos, por misterioso que fuera, se interpretaba según las concepciones religiosas de la época. Las ideas que desafiaban esta visión, como la noción de un universo infinito y en constante expansión o la teoría de que la Tierra giraba alrededor del Sol y no al revés, se consideraban heréticas y extremadamente peligrosas.

Imagínese lo difícil que sería vivir en un mundo en el que la razón se ve a menudo sofocada por la autoridad de la fe y las instituciones religiosas. Qué difícil sería cuestionar los dogmas que moldean nuestra comprensión del universo y de la existencia.

Es importante subrayar que, a lo largo de la historia, la humanidad ha progresado gracias a la capacidad inherente de cuestionar, explorar lo desconocido y desafiar las explicaciones simplistas. Gracias a la razón, nos hemos liberado de las ataduras de la ignorancia dogmática y nos hemos embarcado en un viaje intelectual en busca de la verdad. Hemos avanzado algo, pero el deísmo nos invita a continuar el viaje, a reflexionar sobre la importancia fundamental de cuestionar, investigar y explorar, incluso cuando el mundo que nos rodea insiste en aceptar explicaciones fabricadas.

A medida que avancemos en este tema, profundizaremos en los principios del Deísmo y en cómo la razón nos permite comprender a Dios y la complejidad de la existencia. Te invito a mantener la mente abierta, abrazar el pensamiento crítico y avanzar en este viaje con valentía intelectual. Porque, al igual que aquellos primeros deístas, se nos desafía a buscar la verdad divina a través de la razón y la observación perspicaz, incluso cuando ello signifique desafiar las creencias que nos han sido legadas.

Capítulo 6
Dios Creador y Observador

Contemplamos a Dios como el Maestro Creador, el que hábilmente dio forma al universo y estableció su orden y armonía intrínsecos. Esta percepción de Dios como artesano divino es fundamental para comprender el núcleo de la filosofía deísta.

Concebimos a Dios como el artesano supremo, el que planificó meticulosamente cada detalle de la creación. Desde este punto de vista, Dios es el arquitecto supremo que diseñó el universo, definiendo las leyes naturales y los principios que rigen todas las cosas.

Esta concepción de Dios como artesano divino difiere sustancialmente de las concepciones tradicionales de la divinidad. Mientras que muchas religiones presentan a Dios como un ser personal e intervencionista, nosotros vemos a Dios como el gran creador que, tras crear el universo, deja que siga su curso natural, sin intervención directa. Al fin y al cabo, un Dios intervencionista equilibraría la balanza existencial y todo el mundo compartiría las mismas condiciones de vida, incluida la salud, la familia y los recursos. La diferencia en la distribución desigual de los medios que proporcionan la realización existencial sería la explicación que probaría que la doctrina deísta es la más adecuada para entender a Dios.

Esta diferencia fundamental en la visión de Dios es una de las características distintivas del Deísmo. Creemos que Dios ha concedido a la humanidad el don de la razón y de la libre indagación para comprender la creación, en lugar de confiar exclusivamente en la revelación divina o en la interpretación de otros. Por tanto, la filosofía deísta valora y respeta la capacidad humana de observar, reflexionar y comprender el mundo basándose en la razón.

Vemos a Dios como el Creador que concedió a la humanidad el don de la autonomía intelectual. En lugar de imponer directamente su voluntad, se percibe a Dios como quien ha confiado a la humanidad la responsabilidad de explorar y comprender la creación mediante la observación atenta y el pensamiento crítico. Es como si Dios hubiera escrito la «partitura» del universo, y la humanidad fuera libre de «tocar» la música de la verdad a través de la razón.

Esta visión de Dios como Divino Artífice no sólo influyó en la filosofía deísta, sino que también cuestionó las narrativas religiosas tradicionales que hacían hincapié en la constante intervención divina en la vida humana.

Dios como Gran Arquitecto del universo es una metáfora utilizada a menudo por los deístas para describir la visión de Dios como Creador. Esta representación de Dios resalta aún más la precisión y el orden inherentes a la creación, haciendo hincapié en el meticuloso papel planificador que desempeña en el diseño del universo.

En esta visión, Dios es quien definió las reglas del juego cósmico, estableciendo la física, la química y las leyes naturales que rigen el funcionamiento del conjunto. Cada fenómeno, desde el movimiento de los planetas hasta la formación de las moléculas, es el resultado del ingenio de Dios para crear un sistema interconectado y armonioso.

La metáfora del Gran Arquitecto subraya la precisión y el orden presentes en la creación, mostrando cómo Dios diseñó un universo lleno de complejidad y belleza. Vemos la propia naturaleza como el resultado de esta planificación divina, donde cada ser y cada elemento desempeñan un papel preciso en la coreografía de la existencia.

Esta concepción de Dios como Gran Arquitecto subraya también la autonomía de la creación. Al igual que un arquitecto diseña un puente para que pueda soportar su propio peso, Dios diseñó el universo con la capacidad intrínseca de funcionar de forma autosuficiente. Creemos que Dios no necesita intervenir constantemente, porque ya ha establecido las leyes y principios que lo rigen todo.

Esta visión de Dios como Gran Arquitecto no sólo pone de relieve el orden y la precisión presentes en la creación, sino que también destaca la importancia de la razón humana en la búsqueda de la comprensión divina. Creemos que la observación atenta del mundo que nos rodea, combinada con el pensamiento crítico, es fundamental para descubrir el plan de Dios para la raza humana.

La metáfora del Gran Arquitecto es una poderosa representación de la visión de Dios, que pone de relieve la belleza, complejidad y armonía del universo, así como la importancia de la razón humana en la exploración de esta creación divina.

En el deísmo, Dios es un observador benévolo, y esta perspectiva va más allá de la creación divina, pues Dios observa y cuida continuamente del universo. Dios no sólo dio origen al universo, sino que también lo observa con cuidado y compasión, interesándose activamente por todo lo que ocurre en la creación.

Vemos a Dios como el que sigue de cerca el desarrollo de la vida, la evolución de las estrellas y la interacción de las fuerzas naturales. Esta visión refleja la creencia de que Dios es benevolente y desea el bienestar de su creación.

La concepción de Dios como Observador Benevolente influye profundamente en la filosofía deísta, pues promueve la idea de que el orden y la armonía en el universo son un reflejo de la sabiduría divina. Los deístas vemos la complejidad y la interconexión de todas las cosas como una prueba del cuidado de Dios al crear un sistema que permite que la vida florezca y prospere.

Este punto de vista también subraya la importancia de la razón humana en la búsqueda de la comprensión divina. Al igual que Dios observa cuidadosamente su creación, la humanidad está llamada a observar y comprender el mundo con una mente crítica y un corazón compasivo. A través de la razón, los seres humanos pueden buscar la sabiduría divina en el orden y la belleza del universo.

La noción de un Dios Observador Benevolente es fuente de inspiración y esperanza. La creación es un precioso regalo de Dios, lleno de maravillas que hay que explorar y comprender. Esta visión refuerza la convicción de que la búsqueda del conocimiento y la verdad es un viaje espiritual que nos acerca a Dios.

Por lo tanto, la visión de Dios como Observador Benevolente es una parte fundamental de la filosofía deísta, destacando la compasión de Dios y su continuo interés por su creación, así como la importancia de la razón humana en la búsqueda de la comprensión divina, el orden cósmico y la armonía en la naturaleza son elementos cruciales que reflejan la inteligencia y sabiduría divinas de Dios.

Vemos la precisión de las órbitas planetarias, la regularidad de las estaciones y las leyes de la física que rigen el universo como pruebas claras de la inteligencia de un Creador. Cada uno de estos elementos, cuando se observa con atención, revela un plan meticuloso y un orden que trasciende el azar.

El orden y la armonía presentes en la naturaleza se interpretan como un testimonio de la sabiduría de Dios. Creemos que Dios estableció las leyes y principios naturales que rigen el universo, creando así un entorno favorable para la vida y la evolución. Este punto de vista subraya que el mundo natural no es caótico, sino una expresión de la mente divina.

El orden cósmico y la armonía de la naturaleza nos inspiran a contemplar la sabiduría de Dios y a buscar una conexión más profunda con lo divino. Vemos la belleza en la simplicidad de las leyes naturales y en la complejidad de las interacciones entre los seres vivos y el medio ambiente. Cada aspecto de la creación se ve como una manifestación de una inteligencia creadora mayor.

Esta comprensión del orden y la armonía en el universo es un tema central de nuestra filosofía. Enfatiza la importancia de la razón como herramienta para observar y comprender las leyes naturales, ya que creemos que explorando y estudiando el mundo natural con una mente abierta y crítica, los seres humanos pueden descubrir más profundamente la sabiduría omnipresente de Dios.

Capítulo 7
La Visión Deísta de Dios

En el viaje del deísta en busca de la comprensión divina, la concepción de Dios desempeña un papel central y trascendental. A medida que nos adentramos en las profundidades del deísmo, es esencial comprender la visión única que los maestros deístas tienen de Dios.

Los deístas creen que Dios es una entidad inmaterial, carente de forma física. Esta creencia contrasta con muchas religiones que presentan a las deidades como seres antropomórficos. Para los deístas, Dios es una presencia espiritual que impregna el universo, siendo a la vez la fuente primordial de todas las cosas y la esencia que trasciende todas las formas. Esta visión inmaterial de Dios invita a los deístas a conectar con la divinidad de un modo único, desprovisto de rituales y dogmas, buscando una comprensión más personal.

Además de su naturaleza inmaterial, los deístas ven a Dios como una entidad trascendental. Esto significa que Dios está más allá de la comprensión humana y no puede ser limitado por conceptos humanos. Los deístas creen que la trascendencia de Dios es lo que hace posible la existencia del universo y el orden natural que lo rige. Dios es visto como el arquitecto supremo que estableció las leyes del universo y permitió que la vida floreciera según estas leyes, pero este Dios no interviene directamente en los asuntos humanos.

La visión deísta de Dios invita a sus seguidores a contemplar el misterio de la existencia y a buscar la comprensión divina a través de la razón y la observación de su entorno. Para los deístas, la búsqueda del conocimiento de Dios es un viaje personal y continuo, una exploración intelectual y espiritual que desafía a la mente y alimenta el alma. En el proceso, los deístas se esfuerzan por comprender el propósito de la vida y la conexión entre la existencia humana y el plan divino.

El deísmo, con su visión inmaterial y trascendental de Dios, trasciende las barreras religiosas y culturales. Ofrece una filosofía universal que invita a todos a explorar la naturaleza de la divinidad de un modo que respeta la diversidad de creencias y sus perspectivas. Mientras que muchas religiones tradicionales tienen representaciones específicas de Dios, los deístas celebran la simplicidad y universalidad de su visión, invitando a los individuos a encontrar lo sagrado en el mundo que les rodea y dentro de sí mismos.

Para entender la forma de ver a Dios de los deístas, es esencial desentrañar las representaciones antropomórficas que suelen dominar las concepciones religiosas tradicionales. Los deístas, al rechazar la idea de un Dios con forma humana o cualquier otra forma representada por las religiones, desafían las limitaciones de la mente humana, invitando a todos a trascender las imágenes comunes asociadas a la divinidad.

En muchas religiones, Dios suele ser representado con características humanas, como rostro, brazos, piernas y atributos emocionales. Esta antropomorfización de Dios lo hace más accesible a la gente, permitiéndoles relacionarse con una figura divina que parece comprensible y cercana. Sin embargo, los deístas sostienen que este enfoque reduce la naturaleza divina y pone a Dios en una caja limitada por la imaginación humana.

En este contexto, es imperativo aclarar que cualquier figura plástica, con la que la mente humana intente reproducir la imagen de Dios, no puede ser concebida ni siquiera por las mentes más modestas. Es bien sabido que la forma humana fue una adaptación biológica necesaria para la supervivencia de la especie y que esta forma se fue perfeccionando con el tiempo para ajustarse a las necesidades de la evolución natural. Es incomprensible que la mente humana racional idealice que un ser inmaterial, que no necesitó sufrir adaptaciones biológicas, tenga esa misma forma.

Los deístas creen que la representación de Dios como una entidad antropomórfica es una limitación que impide una verdadera comprensión de Dios. Argumentan que Dios está más allá de la comprensión y al intentar representarlo con características humanas, corremos el riesgo de limitar su grandeza y trascendencia. Para los deístas, Dios es una entidad tan vasta y compleja que la mente no puede concebirlo en su totalidad.

Al rechazar las representaciones antropomórficas, los deístas invitan a los buscadores a mirar más allá de las imágenes convencionales de Dios y explorar la verdadera naturaleza de la divinidad. Insisten en que la comprensión de Dios debe basarse en la razón, la observación del orden natural y la búsqueda continua del conocimiento divino. Esta búsqueda de la verdadera naturaleza de Dios es un viaje intelectual y espiritual que desafía a la mente y amplía los horizontes del entendimiento humano.

Los deístas creen que el universo es una manifestación de la voluntad divina de un Dios inmaterial y trascendental. En lugar de que Dios sea una figura activa que interfiere constantemente en la creación, es el creador que estableció las leyes naturales que lo rigen todo. Este punto de vista invita a los deístas a contemplar el orden y la complejidad del universo como prueba de la sabiduría divina.

Para los deístas, la naturaleza inmaterial de Dios subraya la simplicidad y universalidad de la divinidad. En lugar de adoptar mitologías complejas o dogmas religiosos, los deístas encuentran la belleza en la simplicidad de su visión de Dios como causa primordial de todo lo que existe. Esto les inspira a apreciar la creación en su forma más pura, reconociendo la presencia de Dios en la armonía del mundo natural.

Los deístas ven la naturaleza inmaterial y trascendental de Dios como una invitación a la responsabilidad humana en la preservación y el cuidado de la creación. Creemos que, como seres racionales, tenemos el deber de actuar ética y moralmente para proteger el medio ambiente y promover la armonía. Entender la divinidad como trascendental nos recuerda que formamos parte de un orden mayor y que nuestra conexión con Dios se refleja en nuestras acciones.

Al explorar la visión deísta de Dios, es crucial comprender cómo esta concepción de la naturaleza inmaterial y trascendental de Dios se relaciona con la vida humana y el viaje espiritual. Los deístas creen que esta visión única de la divinidad tiene profundas implicaciones para la comprensión del alma, la existencia humana y el camino hacia el conocimiento divino.

En el deísmo, el alma humana se considera una chispa divina, una parte de la esencia trascendental de Dios. Esta visión arraigada en la naturaleza inmaterial de Dios subraya la idea de que cada individuo lleva consigo una conexión intrínseca con lo divino. El alma se percibe como inmortal, no sujeta a la muerte física, y su viaje está ligado a la búsqueda de la comprensión de Dios y la evolución espiritual.

Para los deístas, la búsqueda del conocimiento divino es un viaje personal e intelectual que implica la exploración de la propia alma. Creemos que cultivando la razón, la ética y la contemplación, los individuos pueden acercarse a Dios. La naturaleza trascendental de Dios sirve de inspiración para esta búsqueda continua, animando a los deístas a profundizar en su comprensión de la divinidad y del universo.

Los deístas destacan la importancia de la ética como parte integrante del viaje espiritual. Creen que la comprensión de la moralidad está ligada a la comprensión de la voluntad divina y al reconocimiento de la responsabilidad humana en la preservación del equilibrio y la armonía en el mundo. Esta conexión entre ética y espiritualidad es una parte esencial de la visión deísta de la naturaleza trascendental de Dios.

Los deístas ven la evolución del alma como un proceso continuo de mejora espiritual. Creen que a medida que el alma busca el conocimiento divino y una conexión más profunda con Dios, avanza hacia la trascendencia. El alma es vista como una parte esencial del plan divino, destinada a regresar a la unidad con Dios tras su viaje de búsqueda y evolución espiritual.

Para los deístas, la comprensión de Dios como una entidad inmaterial y trascendental es una llamada a la contemplación. Esta contemplación no se limita a rituales religiosos específicos, sino a una búsqueda intelectual y espiritual que invita al individuo a meditar sobre la naturaleza del universo y su relación con Dios. Es una llamada a profundizar en la conexión espiritual a través de la reflexión y la búsqueda del conocimiento divino.

La visión deísta del alma como una chispa divina que busca evolucionar hacia la trascendencia conduce al deseo intrínseco de alcanzar la unidad con el creador. Los deístas creen que a lo largo de su viaje espiritual, el alma se acerca cada vez más a la divinidad, trascendiendo las limitaciones de la existencia humana y volviendo a la unidad con lo trascendental. Esta búsqueda de la unidad con Dios es el objetivo último del viaje espiritual de un deísta.

La experiencia de la unidad con Dios se considera un estado de profunda comunión espiritual. Los deístas creen que, al alcanzar este estado, el alma logra una comprensión completa de la divinidad y experimenta una sensación de paz, armonía y plenitud. Es la culminación de la búsqueda del conocimiento divino y representa la consumación del viaje espiritual.

Sin embargo, los deístas también reconocen que la búsqueda del conocimiento divino y la unidad con Dios es un viaje continuo. No es un destino, sino un proceso constante de mejora y reflexión espiritual. Los deístas están llamados a seguir profundizando en su comprensión de la divinidad y a buscar la unidad con Dios a lo largo de toda su vida.

Capítulo 8
La Naturaleza Como Revelación Divina

Como deístas, vemos la naturaleza como un libro abierto, un texto divino escrito en el lenguaje de los modelos naturales. Cada fenómeno, cada forma y cada ciclo de la vida son palabras que revelan la sabiduría divina que hay detrás de la creación. La observación atenta de estos patrones naturales es esencial para descifrar este lenguaje y comprender la inteligencia que impregna toda la existencia.

Nuestra mirada crítica y contemplativa sobre los ciclos de la vida nos permite vislumbrar la precisión con la que Dios planificó la naturaleza. Al observar el recorrido de una semilla que crece hasta convertirse en un árbol majestuoso, nos damos cuenta de que cada etapa de este proceso revela un propósito divino. Los deístas ven en este ciclo de la vida la manifestación de la creación y la continuidad de las maravillas de la naturaleza.

Además, encontramos en la simetría de las formas naturales una clara indicación de la sabiduría de Dios. La simetría es un lenguaje universal que trasciende las barreras culturales y geográficas y está presente en toda la creación. Desde la simetría de los pétalos de una flor hasta la perfección geométrica de los cristales de hielo, percibimos la mano divina que moldea cada detalle de la naturaleza con precisión y armonía.

La armonía de los ecosistemas es una prueba sorprendente de la inteligencia divina. Cada ser vivo, desde las diminutas hormigas hasta las majestuosas águilas, desempeña un papel vital en la interconexión de los ecosistemas. La supervivencia de todos está intrínsecamente ligada a la armonía de estos sistemas naturales. Esto nos lleva a creer que Dios diseñó la naturaleza de forma interdependiente, revelando Su sabiduría en la complejidad de las relaciones ecológicas.

Por eso, para nosotros, la observación atenta y respetuosa de los patrones naturales es un acto de adoración y contemplación. A través de este lenguaje codificado, encontramos las palabras que nos acercan a Dios. Al descifrar estos patrones, nos acercamos a una comprensión más profunda de la inteligencia divina. Es como si cada observación atenta fuera un verso de un poema, y nuestra tarea consistiera en leer con reverencia y humildad, tratando de desentrañar los secretos que Dios ha escrito en la naturaleza.

Para los deístas, la observación atenta de los patrones naturales no sólo revela la sabiduría divina, sino que también nos permite darnos cuenta de la profunda unidad que subyace a la diversidad de la naturaleza. Cada ser vivo, desde las diminutas criaturas que habitan los rincones más secretos de la Tierra hasta los majestuosos árboles que tocan el cielo, es una parte interconectada de un todo mayor. Esta interconexión refleja la armonía del universo y actúa como prueba de la inteligencia creativa que impregna todas las cosas.

Imaginemos la diversidad de formas de vida que encontramos en nuestro planeta. Cada especie, desde los insectos hasta los mamíferos, tiene características únicas y cumple funciones específicas en su ecosistema. Sin embargo, vemos esta diversidad como un reflejo de la riqueza del plan divino. En lugar de caos, encontramos orden; en lugar de aleatoriedad, descubrimos un propósito.

La unidad en la diversidad se hace evidente cuando consideramos cómo se complementan los distintos elementos de la naturaleza. Las plantas, por ejemplo, realizan la fotosíntesis, produciendo el oxígeno vital para la respiración de los animales. Los polinizadores, como las abejas, desempeñan un papel fundamental en la fertilización de las plantas, permitiendo la producción de frutos y semillas que sirven de alimento a diversas especies. Estas complejas interacciones demuestran la dependencia mutua que existe entre los seres vivos y los elementos naturales.

Incluso fenómenos atmosféricos como la lluvia están interconectados con la vida en la Tierra. Las precipitaciones proporcionan el agua esencial para la supervivencia de todas las formas de vida, desde las plantas hasta los seres humanos. La forma en que el agua se distribuye y recicla en la naturaleza es un ejemplo de la armonía que sostiene el equilibrio ecológico.

Esta unidad subyacente en la diversidad de la naturaleza es vista por los deístas como una manifestación de la inteligencia creadora de Dios. En lugar de un Creador que construyó cada elemento de la creación de forma aislada, vemos a Dios como el Arquitecto Maestro que diseñó un sistema interconectado y armonioso, en el que todas las partes desempeñan un papel vital en la coreografía de la existencia.

Los deístas reverenciamos profundamente la complejidad y la interdependencia de todas las cosas. Cada organismo, cada elemento natural y cada fenómeno atmosférico son como notas de una sinfonía divina, que contribuyen a la armonía del universo. Esta comprensión nos inspira a cuidar y preservar la diversidad de la naturaleza, reconociendo que el daño a cualquiera de sus partes afecta a la belleza e integridad del conjunto. La unidad en la diversidad es, para nosotros, una poderosa lección de la inteligencia y el orden que rigen el universo.

Para los deístas, la naturaleza actúa como un espejo que refleja la divinidad, y esta perspectiva nos invita a contemplar los elementos de la naturaleza como reflejos de la inteligencia de Dios. La observación atenta de la naturaleza es más que una mera apreciación estética; es una búsqueda de una comprensión más profunda de lo divino. Creemos que al examinar la naturaleza con ojos atentos, encontramos indicios de la presencia y la sabiduría de Dios en todas las cosas.

Imagínate en un paraje natural, en un entorno intocado por la influencia humana. Observas las majestuosas montañas, los ríos que fluyen constantemente, los árboles centenarios que se elevan hasta tocar el cielo y las criaturas que habitan este paisaje. Para nosotros, cada uno de estos elementos es un espejo que refleja la divinidad de una manera única.

Las montañas, con su solidez inmutable a lo largo de los tiempos, nos recuerdan la estabilidad y la constancia de Dios. Los ríos, con su incesante fluir, representan la fluidez de la vida y la constante renovación que tiene lugar en el universo. Los árboles, que sirven de hábitat y fuente de alimento a innumerables criaturas, nos muestran la generosidad y la interconexión que impregnan la creación. Las criaturas que habitan este entorno muestran una increíble diversidad de formas y funciones, poniendo de relieve la infinita creatividad de Dios.

La contemplación de la naturaleza no es sólo una apreciación pasiva; es una búsqueda activa de comprensión. Los deístas ven el orden y la belleza presentes en la naturaleza como manifestaciones de la inteligencia divina. Cada patrón, ciclo y relación en la naturaleza es una pista que nos ayuda a desentrañar los misterios de la creación.

Esta perspectiva nos lleva a buscar lo divino no sólo en los templos construidos por manos humanas, sino también en los templos naturales que nos rodean. Para nosotros, la naturaleza es un libro abierto, lleno de lecciones sobre la presencia y la sabiduría de Dios. Con cada observación, cada momento de contemplación, nos acercamos un poco más a Dios.

La idea fundamental es que cuando observamos la naturaleza, encontramos mucho más que elementos físicos; encontramos una conexión espiritual con lo divino. Creemos que Dios se revela constantemente a través de la creación, invitándonos a profundizar en la comprensión del cosmos y del papel de Dios como Creador Maestro y Observador Benevolente. Por eso, para nosotros, la naturaleza es más que un mero telón de fondo; es un espejo que refleja la divinidad en todos sus aspectos, invitándonos a una búsqueda continua de la verdad espiritual.

Para los deístas, la razón desempeña un papel fundamental en la interpretación de la naturaleza como revelación divina. Vemos la razón como la linterna que ilumina el camino en la exploración de las maravillas naturales, permitiéndonos desentrañar los misterios de la creación y revelar así la inteligencia de Dios detrás de todo ello.

Imagina que estás en un frondoso bosque, rodeado por la inmensidad de la naturaleza. Frente a ti hay un arroyo serpenteante de aguas cristalinas que reflejan la luz del sol. Mientras contempla este paisaje, su mente empieza a hacerse preguntas. ¿Por qué sigue el arroyo este curso? ¿Cómo fluye el agua tan suavemente? ¿Cuál es el propósito de las plantas y animales que habitan este entorno?

Estas preguntas son el resultado de la acción de la razón. Los deístas creen que la razón es la herramienta que nos permite hacernos estas preguntas y buscar respuestas a través de la observación perspicaz del mundo natural. Nos permite examinar las pautas, los ciclos y las interacciones que se producen en la naturaleza y reconocer el orden subyacente.

La aplicación de la razón nos ayuda a desentrañar los misterios de la creación, revelando la inteligencia de Dios detrás de todo. Cuando contemplamos el funcionamiento de las estrellas y los planetas en el cosmos, la complejidad de la ecología de un hábitat natural o la intrincada estructura de una célula, estamos aplicando la razón para comprender cómo estos elementos encajan en un todo mayor.

La razón también nos permite apreciar la belleza de la naturaleza de un modo más profundo. Cuando comprendemos la complejidad que hay detrás de un fenómeno natural, nuestra admiración se intensifica, al darnos cuenta de que estamos presenciando la obra maestra de un Creador inteligente.

Para los deístas, la razón no es enemiga de la espiritualidad, sino una valiosa aliada. A través de la razón, podemos buscar la verdad, la sabiduría y una comprensión profunda de lo divino en la creación. Nos invita a explorar el mundo natural con una mente abierta y curiosa, a formular preguntas y a buscar respuestas basadas en la observación cuidadosa y la reflexión crítica.

Por tanto, la razón desempeña un papel central en el camino de los deístas hacia la comprensión de la naturaleza como revelación divina. Es la luz que ilumina el camino, permitiéndonos descifrar el lenguaje de los patrones naturales, percibir la unidad en la diversidad de la naturaleza y contemplarla como un espejo que refleja a Dios. Mediante la aplicación de la razón, continuamos nuestra búsqueda para comprender la inteligencia divina que impregna todas las cosas de la creación.

Al contemplar la naturaleza como revelación divina, se nos recuerda que estamos ante un libro sagrado abierto cuyas páginas están llenas de maravillas y secretos que nos acercan al Creador. Cada observación atenta, cada pregunta formulada por la razón y cada momento de contemplación nos conducen a un viaje espiritual en busca de la verdad y de la comprensión de la inteligencia divina que teje el tapiz de la existencia.

La ciencia ha corroborado este vínculo entre el contacto con la naturaleza y el bienestar humano. Estudios psicológicos han demostrado que la exposición a la naturaleza reduce el estrés y la ansiedad, mejora el estado de ánimo y favorece la sensación de relajación. La terapia forestal, conocida como «shinrin-yoku» en Japón, es un ejemplo notable de este fenómeno, asociado a importantes beneficios para la salud mental.

Además, las investigaciones indican que el tiempo pasado en entornos naturales está relacionado con un aumento de la creatividad, la concentración y la capacidad para resolver problemas. La teoría de la «restauración de la atención» sugiere que la naturaleza proporciona un entorno que permite al cerebro descansar y revitalizarse, mejorando la capacidad de afrontar los retos de la vida cotidiana.

Los estudios sobre el «síndrome del déficit de naturaleza» también demuestran que distanciarse de las actividades al aire libre y de la exposición a la naturaleza puede contribuir a los problemas de salud mental, especialmente en los niños. El vínculo entre el contacto con la naturaleza y la salud mental es tan poderoso que muchos expertos recomiendan que las personas integren más tiempo al aire libre en sus rutinas diarias.

Como resultado, nos damos cuenta de que la visión deísta de la naturaleza se manifiesta intrínsecamente, ya que la grandeza de la creación de Dios trasciende una comprensión completa del deísmo. Incluso quienes no están familiarizados con los principios del deísmo sienten de algún modo una profunda conexión con la naturaleza, buscando refugio y paz en ella. La gente camina por senderos serenos, acampa junto a los ríos o en los bosques, se refugia en acogedores hoteles rurales y lleva a sus hijos a jugar a los parques. Es como si, subconscientemente, el ser humano estuviera programado para buscar a Dios allí donde su presencia se percibe y se siente con mayor facilidad.

Por lo tanto, en este encuentro con la naturaleza, el ser humano no sólo sigue una programación innata, sino que también disfruta de los beneficios científicamente probados para la salud mental, el bienestar emocional y la calidad de vida. Es un testimonio de la armonía intrínseca entre la creación divina y la búsqueda humana de paz y conexión espiritual.

Capítulo 9
La Razón Como Guía en la Exploración del Cosmos

La exploración del universo siempre ha encantado a la mente humana. El deseo de comprender los secretos del universo, desde la inmensidad del espacio hasta las minucias de las leyes que lo rigen, ha sido una de las búsquedas más nobles y desafiantes.

La observación de las estrellas es nuestro punto de partida en la búsqueda de respuestas. Gracias a la razón, hemos desarrollado telescopios capaces de escudriñar el cielo estrellado. Estas maravillas de la ingeniería nos permiten vislumbrar distancias inconcebibles y contemplar galaxias lejanas. Mediante la observación y el análisis sistemáticos, los astrónomos son capaces de cartografiar la estructura del universo, identificar estrellas, planetas, asteroides y cometas, y trazar la trayectoria de los cuerpos celestes.

Pero la razón va más allá de la mera observación. Nos permite formular preguntas esenciales sobre el cosmos. ¿Por qué existe el universo? ¿Cómo empezó? Estas preguntas incitan a la mente humana a buscar respuestas, impulsando la investigación científica y filosófica.

En este contexto, la razón nos lleva a reconocer la profunda complejidad del universo y nos anima a descifrar sus leyes fundamentales. Las matemáticas, como lenguaje universal, son un instrumento de la razón que nos permite describir las relaciones precisas entre los fenómenos celestes. Las teorías científicas, como la teoría de la relatividad de Einstein (un deísta declarado) y la teoría del big bang, son productos de la razón humana que nos ayudan a comprender el universo a escalas macroscópica y microscópica.

La exploración espacial, alimentada por la razón y la curiosidad, representa otro hito en la búsqueda de secretos celestes. El ser humano ha construido sondas y naves espaciales que viajan a planetas lejanos como Marte, Júpiter y Saturno, recopilando datos cruciales sobre estos mundos extraterrestres. Analizando esta información, ampliamos nuestros conocimientos sobre la composición planetaria, la atmósfera, la geología y la posibilidad de vida extraterrestre.

Además, la razón nos permite explorar las leyes que rigen el universo en su nivel más fundamental. La física teórica, por ejemplo, trata de comprender la naturaleza de la materia, la energía y las fuerzas fundamentales que rigen todo lo que existe. Mediante experimentos, ecuaciones matemáticas y modelos informáticos, los científicos siguen desentrañando los misterios de la mecánica cuántica, la relatividad, la gravedad y otras fuerzas que dan forma al cosmos.

La búsqueda de nuestro lugar en el vasto universo es un viaje que la razón nos invita a emprender. Nos empuja a cuestionar nuestro origen, propósito y conexión con el universo, llevándonos a explorar las complejidades de la existencia humana en relación con el espacio exterior.

La razón nos anima a investigar nuestra propia historia cósmica. A través de estudios y descubrimientos científicos, empezamos a darnos cuenta de que los elementos químicos que componen nuestro cuerpo, como el carbono, el oxígeno y el hierro, se forjaron en las profundidades de las estrellas. Somos, de hecho, hijos de las estrellas, hechos de los mismos materiales que brillan en los cielos nocturnos. Esta comprensión nos conecta de manera profunda con el cosmos, haciéndonos cuestionar nuestra relación con el universo y cómo nuestra existencia está intrínsecamente ligada a él.

Además, la razón nos lleva a explorar el concepto de habitabilidad en otros planetas. La búsqueda de exoplanetas, mundos más allá de nuestro sistema solar, está alimentada por el deseo de encontrar otros lugares donde pueda existir vida. Esto nos lleva a reflexionar sobre la posibilidad de vida extraterrestre y sobre nuestro lugar en un universo potencialmente poblado por otras civilizaciones. La razón nos incita a considerar las implicaciones filosóficas, éticas y científicas de esta búsqueda.

La búsqueda de nuestro lugar en las estrellas también nos lleva a cuestionarnos nuestro propósito en el gran tapiz cósmico. Reflexionamos sobre por qué estamos aquí, cuál es el sentido de nuestras vidas y cómo contribuimos a comprender y preservar el universo. Estas preguntas trascendentales nos llevan a la filosofía y a la búsqueda de un propósito que trascienda nuestra existencia terrenal.

Nos impulsan a explorar el espacio e investigar lo desconocido con la esperanza de encontrar respuestas a preguntas más profundas. Las misiones espaciales, como la exploración de Marte y la búsqueda de planetas habitables, representan la búsqueda activa de nuestro lugar en las estrellas. A través de estos esfuerzos, nos acercamos a la comprensión de nuestro origen cósmico, nuestro propósito en el universo y nuestra conexión con otras formas de vida.

La exploración espacial es, sin duda, una de las manifestaciones más impresionantes de la capacidad humana para aplicar la razón en la búsqueda del conocimiento. A medida que las fronteras de la exploración se expanden más allá de los confines de la

Tierra, se nos recuerda la grandeza del universo y el papel central de la razón en este empeño.

La razón, como herramienta de cuestionamiento y descubrimiento, impulsa la exploración espacial. Desde los albores de la astronomía hasta nuestros días, la humanidad ha observado las estrellas con ojos curiosos y mente analítica. Los astrónomos y científicos estudian los movimientos de los planetas, la órbita de las estrellas y la formación de las galaxias, desentrañando los misterios del universo.

La exploración espacial es una prolongación natural de este deseo de comprender el cosmos. Gracias a las misiones espaciales, los telescopios avanzados y las sondas interplanetarias, la razón permite investigar los cuerpos celestes más de cerca que nunca. Hemos descubierto lunas heladas, volcanes en otros mundos, tormentas en gigantes gaseosos e incluso indicios de agua en Marte, todo ello gracias a la aplicación de la razón en la exploración espacial.

Sin embargo, la exploración espacial no se limita a recoger datos. También nos permite contemplar la grandeza del cosmos y nuestra posición en él. Cuando vemos imágenes de la Tierra desde el espacio, nos enfrentamos a la fragilidad y la belleza de nuestro planeta. Esta perspectiva única nos recuerda la importancia de cuidar nuestra casa común y preservar el medio ambiente.

Además, la exploración espacial nos desafía a pensar más allá de los límites terrestres. Cuando los seres humanos pisaron la Luna por primera vez, fue una hazaña monumental de la razón y el ingenio humanos. Nos inspira a pensar en nuestras propias limitaciones y a considerar qué más podemos conseguir cuando utilizamos la razón como aliada.

La exploración espacial es una demostración de la búsqueda constante del conocimiento y la comprensión de lo desconocido. Es un testimonio de la determinación humana para superar retos aparentemente insuperables, emplear la razón para resolver problemas complejos y explorar los misterios del universo. Cada misión espacial es una expresión del deseo humano de ampliar horizontes y buscar respuestas a las preguntas más profundas sobre el universo y la propia existencia.

La intersección entre la ciencia y la espiritualidad cósmica es un campo fértil para la aplicación de la razón humana. Mientras que la ciencia busca comprender el universo a través de la observación y el método científico, la espiritualidad cósmica explora la conexión entre el ser humano y el cosmos desde una perspectiva más trascendental. La razón desempeña un papel crucial para ayudarnos a comprender cómo estos dos caminos se entrelazan y enriquecen nuestra comprensión del universo y de nuestro lugar en él.

La ciencia, con su enfoque objetivo y metodológico, proporciona una visión detallada y precisa del universo. Astrónomos y físicos estudian con telescopios e instrumentos avanzados la estructura del espacio-tiempo, la formación de estrellas y galaxias y los procesos fundamentales que lo rigen todo. La razón es la luz que guía a estos científicos, permitiéndoles descifrar los secretos del cosmos, como la teoría de la relatividad de Einstein (un notorio deísta) y la teoría del Big Bang.

La espiritualidad cósmica, por su parte, busca comprender el significado más profundo y la conexión entre los seres humanos y el cosmos. Para muchos, contemplar las estrellas y la inmensidad del universo evoca un sentimiento de asombro y reverencia que trasciende la comprensión científica. La razón ayuda a explorar estas cuestiones, permitiendo reflexionar sobre cómo nuestra existencia está intrínsecamente ligada al universo y al orden cósmico.

La intersección entre ciencia y espiritualidad se hace evidente cuando reconocemos que la búsqueda de la verdad en ambos ámbitos puede coexistir armoniosamente. Muchos científicos y filósofos, inspirados por la maravilla del universo, encuentran sentido y espiritualidad en la exploración del cosmos. La aplicación de la razón nos lleva a cuestionar no sólo el «cómo» de las leyes naturales, sino también el «por qué» que hay detrás de ellas.

La razón también nos permite reconocer que la ciencia y la espiritualidad no se excluyen mutuamente, sino que se complementan. La comprensión científica del universo no invalida la búsqueda espiritual de sentido y finalidad. Al contrario, se entrelazan, ofreciendo una visión más completa y enriquecedora del cosmos.

En este contexto, la razón nos anima a aceptar la complejidad y diversidad de perspectivas sobre el universo. Nos anima a mantener la mente abierta a los descubrimientos científicos y a las profundidades de la espiritualidad. De este modo, podemos construir una comprensión más profunda y significativa del cosmos y de nuestro lugar en él.

La intersección entre ciencia y espiritualidad nos recuerda que la razón humana puede iluminar distintas facetas de una misma realidad. A medida que seguimos explorando el cosmos, guiados por la luz de la razón, podemos encontrar respuestas tanto en el mundo objetivo de la ciencia como en el mundo subjetivo de la espiritualidad. Esta integración nos enriquece como seres humanos, permitiéndonos contemplar el misterio y la majestuosidad del universo de una forma más completa y profunda.

Para concluir este capítulo sobre el papel de la razón en la comprensión del cosmos, resulta intrigante constatar que una de las personalidades más notorias de la historia de la ciencia, Albert Einstein, profesaba la fe deísta. Einstein, cuya teoría de la relatividad revolucionó la comprensión del espacio y el tiempo, veía el universo como un testimonio del orden y la elegancia que la razón humana podía desentrañar. Creía que sólo el deísmo se ajustaba a su espiritualidad, porque sólo a través del deísmo podía ver a Dios.

Capítulo 10
La Libertad Intelectual en el Deísmo

En el camino del Deísmo, la libertad intelectual asume un papel destacado, siendo no sólo una virtud, sino un pilar fundamental que sostiene la comprensión de Dios y del universo. El deísmo, como filosofía religiosa, se destaca por la forma en que permite a los individuos acercarse a la verdad de forma independiente, ejerciendo la facultad de la razón.

Desde sus inicios, el Deísmo ha estado moldeado por un profundo respeto a la razón. Creemos que la mente humana está dotada de una capacidad innata de discernimiento, una chispa de divinidad que nos permite buscar la verdad de forma lógica y coherente. Esta creencia en la primacía de la razón es el núcleo de nuestro enfoque de la libertad intelectual.

En el deísmo, la libertad intelectual comienza con la libertad de cuestionar. No sólo permitimos sino que fomentamos la investigación profunda de los misterios del universo y de la existencia humana. El cuestionamiento es la base del progreso intelectual, y es a través de él como empezamos a desvelar los velos que ocultan la verdad divina.

Nuestra libertad intelectual se extiende también a la libertad de investigar. Animamos a las personas a explorar, investigar y adquirir conocimientos mediante la observación, el estudio y el análisis crítico. La ciencia y la filosofía, como instrumentos de la razón, son valiosos aliados en la búsqueda de la verdad. No vemos estas disciplinas como amenazas a la fe, sino como complementos que enriquecen nuestra comprensión de Dios.

Sin embargo, la libertad intelectual en el Deísmo no es un viaje solitario, sino una búsqueda colectiva de la verdad. Valoramos el intercambio de ideas, el diálogo respetuoso y la puesta en común de conocimientos. Mediante el debate sano y la discusión abierta, mejoramos nuestra comprensión y ayudamos a los demás a encontrar su propio camino en la búsqueda de la verdad.

Nuestra filosofía de libertad intelectual se refleja también en nuestra actitud hacia las Escrituras y las tradiciones religiosas. En el deísmo, creemos que ninguna escritura o tradición debe imponerse dogmáticamente. En su lugar, invitamos a los individuos a examinar estas fuentes de sabiduría con la luz de la razón, explorándolas críticamente en busca de las verdades universales que puedan contener.

Es importante subrayar que nuestra libertad intelectual no se limita al ámbito religioso, sino que se extiende a todos los aspectos de la vida. Creemos que la razón debe guiar nuestras opciones éticas, políticas y sociales, permitiéndonos tomar decisiones informadas y justas. Al hacerlo, contribuimos a un mundo más consciente y compasivo.

La libertad intelectual en el deísmo no es sólo un derecho, sino también una responsabilidad. A través de ella, cada individuo está llamado a buscar activamente la verdad, a comprender lo divino y a contribuir al bienestar de la humanidad. Es un viaje de autodescubrimiento, crecimiento espiritual y contribución a un mundo más iluminado.

La razón desempeña un papel central en la búsqueda de la verdad en el Deísmo, permitiendo a los Deístas cuestionar los conceptos y dogmas religiosos establecidos. Creemos que la razón es la herramienta más valiosa que tenemos para comprender a Dios y desentrañar los misterios del universo.

En el Deísmo, vemos la razón como un don divino, una facultad que nos separa de los seres irracionales. Mientras que los animales funcionan principalmente por instinto, los seres humanos tienen la capacidad de razonar, cuestionar y buscar respuestas. Es a través de esta capacidad de razonar como empezamos a sondear las profundidades de la existencia y a cuestionarnos el sentido de la vida.

La razón nos permite evaluar críticamente las creencias y enseñanzas religiosas que se nos presentan. En el deísmo, no aceptamos el dogma sin cuestionarlo. En cambio, utilizamos la razón como faro para discernir la verdad de la superstición, la realidad de la mitología y la sabiduría de la tradición. Creemos que si Dios nos ha dado la capacidad de razonar, quiere que la utilicemos para buscar la verdad, incluso sobre Él mismo.

Este enfoque de la razón como guía en la búsqueda de la verdad divina se extiende también a la interpretación de las Escrituras y las tradiciones religiosas. Mientras que muchas religiones insisten en interpretaciones literalistas de sus textos sagrados, en el deísmo utilizamos la razón para examinar estos textos de forma crítica y contextualizada. Reconocemos que las Escrituras pueden contener significados simbólicos y alegóricos, y la razón nos ayuda a discernir estos significados con mayor profundidad.

Un aspecto fundamental del papel de la razón en el Deísmo es la idea de que sólo la razón puede conducirnos al conocimiento de Dios. Sabemos que los seres irracionales, desprovistos de la capacidad de cuestionar y razonar, no pueden comprender la naturaleza de Dios. La razón es el medio por el que nos acercamos al creador, examinando las pruebas de la creación y tratando de comprender el orden y la armonía del universo. No tiene sentido buscar a Dios simplemente aceptando, sin cuestionarlos, los dogmas impuestos por las ideologías religiosas.

Al cuestionar y explorar con la ayuda de la razón, los deístas tienen la oportunidad de forjar una conexión personal con Dios. En lugar de aceptar ciegamente las creencias religiosas, se nos desafía a buscar nuestra propia comprensión del Creador. Este viaje de autodescubrimiento espiritual se enriquece con la capacidad de razonar de forma independiente y la libertad de cuestionar los conceptos religiosos establecidos.

La libertad intelectual en el Deísmo, combinada con la razón, nos permite explorar las profundidades del conocimiento divino, sin las restricciones de dogmas y doctrinas rígidas. Es un viaje que nos invita a cuestionar, a buscar respuestas y a crecer en nuestra comprensión de Dios.

El deísmo, como filosofía de búsqueda de la verdad a través de la razón, promueve la libertad religiosa y el respeto a la diversidad de creencias. En el corazón del deísmo está el reconocimiento de que la búsqueda espiritual es un viaje personal y que cada individuo tiene derecho a seguir su propio camino.

La libertad religiosa en el deísmo se considera un valor esencial. Creemos que forzar la aceptación de creencias o doctrinas religiosas es contraproducente y perjudicial para la verdadera búsqueda de la comprensión divina.

Los deístas valoran la diversidad de perspectivas religiosas y reconocen que las distintas tradiciones espirituales ofrecen enfoques únicos para comprender lo divino. En lugar de rechazar o condenar otras creencias, el deísmo invita a un enfoque de respeto y diálogo interreligioso.

El pluralismo religioso en el deísmo es una extensión natural de la libertad religiosa. Creemos que todas las tradiciones religiosas tienen algo que aportar a nuestra comprensión de Dios. Por lo tanto, estamos abiertos a aprender de diversas creencias espirituales y filosofías.

La razón desempeña un papel crucial en la promoción de este pluralismo y respeto religiosos. Es la razón la que nos permite evaluar críticamente nuestras propias creencias y estar dispuestos a considerar otras perspectivas. Mediante el ejercicio de la razón, podemos discernir la verdad entre distintas creencias religiosas y encontrar puntos de convergencia entre ellas.

El deísmo reconoce que, aunque las creencias religiosas puedan diferir, a menudo comparten un deseo común de comprender a Dios y buscar un propósito mayor en la vida. Este entendimiento compartido puede servir de punto de partida para el diálogo interreligioso y la cooperación en cuestiones éticas y morales.

La libertad religiosa y el pluralismo en el deísmo también se extienden a la esfera política. Los deístas han apoyado históricamente la separación de Iglesia y Estado, defendiendo el derecho de cada persona a su propia libertad de conciencia y religión. Este punto de vista se alinea con la idea de que la búsqueda espiritual debe ser una elección personal, no impuesta por el gobierno o las instituciones.

El deísmo es, por naturaleza, una filosofía que valora la búsqueda continua de la verdad. Nos invita a explorar el universo y a comprender a Dios a través de la razón, la observación y el cuestionamiento. En el corazón del deísmo está la idea de que la verdad no es un punto final, sino un viaje constante de descubrimiento y autodescubrimiento. La libertad intelectual en el Deísmo nos permite abrazar este viaje sin miedo, y la razón es la luz que nos guía en esta búsqueda incesante del conocimiento divino.

Alentados por el deísmo, se nos recuerda que la verdad no es una entidad estática, sino un río en constante fluir. A través de la razón, estamos capacitados para navegar por este río, explorar sus curvas y corrientes, sumergirnos en sus profundidades y alcanzar nuevas orillas. Cada pregunta, cada indagación, cada descubrimiento es un paso adelante.

En el deísmo, la búsqueda de la verdad es una expresión de nuestra libertad intelectual. Somos libres de cuestionar, desafiar, reflexionar y explorar. No estamos sujetos a dogmas inflexibles ni a limitaciones impuestas por autoridades religiosas. La razón es nuestra brújula y la libertad nuestra compañera de viaje.

Al abrazar el deísmo como filosofía de búsqueda de la verdad, reconocemos que comprender a Dios es un viaje sin fin. Cada nuevo descubrimiento es sólo el punto de partida de una nueva investigación. Cada respuesta encontrada plantea nuevas preguntas. Es en esta búsqueda incesante donde encontramos nuestra verdadera libertad intelectual.

En el deísmo, la verdad no es una prisión, sino las alas que nos permiten volar más alto, explorar más profundamente y comprender mejor el universo y nuestro lugar en él. Es una búsqueda que nos desafía, nos inspira y nos enriquece como seres humanos.

En el deísmo, nuestra libertad intelectual es la llave que abre la puerta a lo desconocido y nos invita a explorar los horizontes infinitos del entendimiento de Dios. Cada paso de este viaje es una celebración de la mente humana, una oda a la capacidad de cuestionar, razonar y descubrir. Somos libres, no para alejarnos de Dios, sino para acercarnos a Él con una mirada curiosa y una mente abierta. Nuestra búsqueda de la verdad es el camino que nos conduce al corazón del universo. Así, en el deísmo, encontramos la libertad que nos eleva, nos enriquece y nos conecta con lo divino de un modo único y profundo.

Capítulo 11
La Búsqueda Continua de la Verdad Divina

Creemos que la búsqueda de la verdad divina es un viaje continuo, sostenido por principios fundamentales. Partimos de la primacía de la razón. La razón nos dota de la capacidad innata de discernir, permitiéndonos analizar y cuestionar los misterios del universo de forma lógica y coherente. Dios nos dio la capacidad de razonar y quiere que la utilicemos.

Con la razón, la libertad intelectual es otro principio esencial. Fomentamos mucho el cuestionamiento, porque entendemos que es la base del progreso intelectual. El cuestionamiento nos permite desvelar los velos que ocultan la verdad divina bajo dogmas que imponen una comprensión prefabricada que, en nuestra opinión, nos aleja de Dios en lugar de acercarnos a Él. La libertad de cuestionar, de desafiar las convenciones y de explorar los misterios de la existencia es lo que nos mueve.

Mientras muchas religiones insisten en interpretaciones literalistas de sus textos sagrados, en el deísmo utilizamos la razón como guía para examinar estos textos de forma crítica y contextualizada. Reconocemos que las Escrituras pueden contener significados simbólicos y alegóricos, y la razón nos ayuda a discernir estos significados más profundos. Por tanto, no aceptamos el dogma sin cuestionarlo, sino que buscamos la verdad divina a través de la exploración crítica de estas fuentes.

Estos principios, la razón, la libertad intelectual y el enfoque crítico, son pilares que sustentan nuestra filosofía de vida, permitiéndonos explorar y comprender a Dios de un modo profundamente arraigado en la razón y en la búsqueda incesante del conocimiento divino. Con estos principios firmemente establecidos, nuestro viaje avanza hacia una comprensión continua de Dios.

Como ya se ha mencionado, podemos observar la evolución del pensamiento deísta, lo que demuestra que la búsqueda de la verdad divina no es un proceso estático, sino un viaje de crecimiento y profundización en la comprensión de quién es Dios en realidad. La razón desempeña un papel central en esta evolución.

La razón nos permite cuestionar los conceptos y dogmas religiosos establecidos, evaluar críticamente las creencias y enseñanzas religiosas, así como examinar las Escrituras y las tradiciones religiosas de forma crítica y contextualizada. A través de la razón, empezamos a sondear las profundidades de la existencia y a cuestionarnos el sentido de la vida. Por tanto, es la razón la que impulsa la evolución del pensamiento deísta, la misma razón que sacó al Homo sapiens de las cavernas.

A lo largo de la historia, los deístas han desempeñado un papel fundamental en la evolución del pensamiento. Muchos filósofos, pensadores y líderes religiosos deístas han contribuido al desarrollo y la promoción del deísmo como filosofía que valora la razón, la libertad intelectual y la búsqueda de la verdad. Sus obras e ideas han enriquecido y profundizado la comprensión de Dios en el contexto de nuestra filosofía.

La evolución del pensamiento deísta se manifiesta también en el reconocimiento de la importancia de la diversidad de perspectivas religiosas y en la búsqueda de la tolerancia. Como seres humanos, tenemos una diversidad de concepciones. Algunas personas tienen una fe ya hecha y aceptan los dogmas establecidos por las interpretaciones de otras personas, pero los deístas son aquellos que no pueden concebir que el Dios en el que creen les haya planteado cuestiones que la razón, entendida como la capacidad de comprender, no puede concebir.

En este sentido, el deísmo destaca en el amplio espectro de las creencias espirituales como una filosofía racional e individualista. Ofrece a cada persona la oportunidad de abordar la cuestión de Dios con libertad de pensamiento y un profundo aprecio por la diversidad de perspectivas. Para los deístas, la espiritualidad es un viaje personal en el que la razón y la introspección son herramientas esenciales. Reconocemos la existencia de Dios, creador del universo, pero no aceptamos la idea de su intervención directa en la vida cotidiana. En cambio, buscamos comprender a Dios a través del estudio reflexivo, el diálogo y la exploración de las creencias. El conocimiento se adquiere mediante el estudio reflexivo y el esfuerzo personal; todos los avances de la ciencia tienen sus raíces en el estudio. Es a través del estudio que usted está leyendo este libro ahora; el estudio previo fue necesario para que usted entendiera la representación gráfica de las letras. Sin el estudio, las palabras de este libro no serían más que dibujos sin sentido. ¿No sería de esperar que la comprensión de Dios se alcanzara también por los mismos medios, es decir, por el estudio y no por la aceptación?

En esta búsqueda de la comprensión de lo divino, los deístas entablan un diálogo interreligioso, abriéndose a la riqueza de las distintas visiones espirituales. Respetan que cada tradición religiosa tenga algo que enseñar sobre Dios. La diversidad de perspectivas amplía su propia visión de lo divino y cultiva un profundo respeto por la pluralidad religiosa. Sin embargo, los deístas también conservan un principio fundamental: la búsqueda espiritual debe ser sincera y desinteresada. Cuando las religiones se utilizan para fines distintos del acercamiento entre el hombre y Dios, cuando los intereses mundanos se mezclan con la búsqueda espiritual, esta concepción religiosa pierde credibilidad.

Así pues, el deísmo representa un enfoque intelectualmente desafiante y respetuoso de la religión y la espiritualidad. Es una filosofía que celebra la diversidad de creencias al tiempo que mantiene la importancia de preservar la integridad en la búsqueda de la verdad divina. En un mundo lleno de perspectivas espirituales, los deístas tratan de equilibrar el poder de la razón con la profundidad de la búsqueda de lo divino, dando forma a una visión del mundo que valora la libertad de pensamiento y el respeto por las opciones individuales.

Capítulo 12
La Síntesis de la Razón Deísta

Al explorar la esencia del Deísmo, es imposible no advertir la profunda relación entre la razón y la naturaleza divina. Como maestro deísta, mi viaje a lo largo de los años me ha permitido explorar las maravillas de esta conexión y compartir ideas sobre cómo se aplica la razón a la comprensión de la naturaleza de Dios.

El deísmo es una filosofía que abraza la razón como faro. A diferencia de muchas tradiciones religiosas que imponen interpretaciones rígidas, aquí se nos anima a utilizar nuestra capacidad innata de discernimiento. La razón es la llama que nos guía, permitiéndonos trascender las ideas preconcebidas del dogma religioso.

Mi viaje me ha enseñado que la razón es más que una herramienta intelectual. Es una aliada en la búsqueda de la comprensión de la naturaleza divina. Nos invita a cuestionar, analizar y ahondar en las profundidades de la existencia, incluida la propia naturaleza de Dios. Cada paso en este viaje revela nuevas capas de comprensión.

La razón nos ayuda a ir más allá de las apariencias superficiales y a sondear la esencia de Dios. Nos permite explorar el sentido de la vida y nuestra conexión con lo divino de un modo lógico y coherente. Como maestro deísta, comparto esta visión con la esperanza de que otros también puedan recorrer este camino de autodescubrimiento y crecimiento espiritual.

Al explorar la relación entre la razón y el deísmo, un aspecto fundamental que merece ser destacado es el papel de esta facultad intelectual como herramienta para el análisis teológico. Como profesor deísta, es un privilegio compartir cómo la razón desempeña un papel crucial en nuestra capacidad para examinar críticamente los textos religiosos y ver más allá de las palabras o de las interpretaciones prefabricadas.

En la enseñanza deísta, entendemos que las Escrituras pueden contener significados simbólicos y alegóricos que a menudo quedan oscurecidos por las interpretaciones literalistas. Aquí es donde entra en juego la razón como luz que disipa la oscuridad de la interpretación estrecha. Nos permite leer entre líneas, cuestionar supuestos preestablecidos y buscar una comprensión más profunda.

Mi viaje me ha llevado a explorar los textos religiosos con una perspectiva crítica, reconociendo que la verdad a menudo yace más profundamente de lo que aparentan las palabras. La razón nos ayuda a desentrañar esas capas, revelando los tesoros de sabiduría y significado que pueden pasar desapercibidos a quienes se contentan con una comprensión superficial.

El análisis teológico en el Deísmo no es una mera actividad intelectual; es una búsqueda del conocimiento divino que trasciende los límites del dogma y la doctrina. Es un viaje de autodescubrimiento que nos lleva a cuestionar, reflexionar y ampliar nuestra comprensión de Dios. La razón es nuestra brújula en este viaje, guiando nuestra exploración de las verdades profundas y a menudo ocultas de las Escrituras.

En el deísmo, reconocemos que el universo es un sistema vasto e intrincado, cuidadosamente diseñado por el Creador. La armonía universal es la manifestación de este orden divino, y es a través de la razón como podemos empezar a descifrar sus misterios. La razón nos permite contemplar las leyes naturales que rigen el funcionamiento del universo y apreciar la belleza de la coherencia y la simetría que encontramos en toda la creación.

Mi viaje me ha llevado a contemplar la armonía universal con un profundo sentimiento de asombro. Al observar los patrones que se repiten en la naturaleza, desde la estructura de una flor hasta la órbita de los planetas, la razón me ayuda a reconocer que existe una inteligencia subyacente que guía todos estos fenómenos. Es la razón la que me permite investigar estos patrones y revelar el orden que reside en ellos.

La búsqueda de la armonía universal es un viaje de asombro y descubrimiento, en el que la razón actúa como una linterna que ilumina el camino. A medida que profundizamos en la comprensión de esta armonía, empezamos a vislumbrar la unidad subyacente de todas las cosas. La razón nos ayuda a ver cómo todos los elementos del universo están interconectados, como piezas de un gran rompecabezas cósmico.

El deísmo abraza la idea de que la ciencia y la espiritualidad no tienen por qué estar separadas, sino ser complementarias. La razón desempeña un papel crucial en este entendimiento, permitiéndonos examinar el mundo natural con curiosidad científica, al tiempo que exploramos las dimensiones espirituales de la existencia.

La razón me ha guiado por un camino que valora la evidencia observable en el mundo natural y la investigación científica como medio para comprender cómo actúa Dios a través de las leyes naturales. La ciencia, a la luz de la razón, no se ve como una amenaza para la espiritualidad, sino como una herramienta que nos permite desentrañar los misterios de la creación divina.

Es la razón la que nos ayuda a apreciar la belleza de la armonía entre ciencia y espiritualidad. En lugar de ver estas dos perspectivas como contradictorias, se nos anima a verlas como partes de un todo mayor. La razón nos permite integrar nuestra comprensión científica del mundo con nuestra búsqueda espiritual de lo divino.

Capítulo 13
La Ciencia Como Aliada en la Búsqueda de lo Divino

La compleja relación entre ciencia y espiritualidad plantea a menudo la cuestión de si estos enfoques son contradictorios o complementarios. Es importante señalar que la ciencia y la espiritualidad abordan aspectos diferentes de la existencia humana. La ciencia se dedica a investigar el «cómo» de las cosas, buscando comprender los procesos naturales y las leyes que rigen el universo. La espiritualidad, por su parte, se centra en el «por qué» y el significado más profundo de la existencia, explorando cuestiones relacionadas con la moralidad, el propósito y la trascendencia.

Un enfoque armonioso entre ciencia y espiritualidad implica aceptar que estas dos perspectivas pueden coexistir e incluso enriquecerse mutuamente. Muchos científicos y pensadores han encontrado una fuente de espiritualidad en la investigación científica. Al observar la complejidad y el orden del universo, se inspiran para explorar cuestiones más profundas sobre la existencia y la naturaleza divina.

La astronomía y la astrofísica son campos científicos que a menudo llevan a la gente a contemplar el universo con asombro y reverencia. Al explorar la inmensidad del espacio y las maravillas del universo, la ciencia ofrece una ventana a la grandeza de la creación. A menudo, esta exploración científica amplía la comprensión de Dios, planteando preguntas sobre el papel divino en la formación del universo.

Hay áreas en las que la ciencia y la espiritualidad convergen en sus exploraciones. Por ejemplo, la teoría del Big Bang, ampliamente aceptada en cosmología, describe el origen del universo a partir de un estado de alta densidad y temperatura. Algunos ven en este acontecimiento cósmico la manifestación de la voluntad de Dios de crear el universo. Además, la complejidad de la vida en la Tierra y la teoría de la evolución también plantean interrogantes sobre cómo encaja la vida en el plan divino.

La ciencia puede considerarse una herramienta valiosa en el camino espiritual. La búsqueda del conocimiento científico no sólo enriquece la comprensión del mundo natural, sino que también refuerza la fe al revelar la belleza y la armonía de las leyes de la naturaleza. Muchos creen que la búsqueda de la verdad divina puede enriquecerse con una comprensión más profunda del cosmos y de los misterios de la existencia desentrañados por la ciencia.

La exploración científica del universo, especialmente en los campos de la astronomía y la astrofísica, ha sido una búsqueda constante para comprender los secretos del universo. Esta exploración ofrece valiosos conocimientos sobre la naturaleza del cosmos, sus orígenes y su complejidad. Estos conocimientos, a su vez, tienen un impacto significativo en la forma en que percibimos lo divino y pueden enriquecer nuestro viaje espiritual.

La astronomía nos permite contemplar la inmensidad del espacio, con miles de millones de galaxias, estrellas y planetas. Esta inmensidad cósmica suele evocar un sentimiento de asombro y admiración. Muchos consideran que estos descubrimientos científicos son la manifestación de la grandeza de Dios, y se preguntan cómo pudo surgir un universo tan vasto y complejo.

En el viaje espiritual, las estrellas y los planetas desempeñan a menudo un papel simbólico. Se consideran puntos de referencia en el cielo nocturno, que guían a las personas en su búsqueda de sentido. La ciencia astronómica, al revelar la naturaleza y formación de estos cuerpos celestes, amplía la comprensión del papel que desempeña el cosmos en las creencias y prácticas espirituales.

Uno de los aspectos filosóficos que la ciencia astronómica puede corroborar es el origen del universo a partir de una gran explosión, el llamado «Big Bang». Este gigantesco acontecimiento generó los elementos primordiales, que al principio sólo formaban polvo cósmico. Este polvo se fue agrupando y formando moléculas de otros elementos que más tarde darían lugar a todo lo que conocemos. En este contexto, se puede decir que usted forma parte del universo, porque todo lo que lo compone ya estaba presente en el primer polvo cósmico. De forma poética, puedo decir que siempre has existido y siempre existirás.

La astrofísica explora la evolución del universo, desde el Big Bang hasta la formación de galaxias, estrellas y planetas. Este relato científico de la historia del universo plantea interrogantes sobre cómo podría relacionarse el plan divino con la expansión y el desarrollo del universo. Muchos ven en la ciencia una forma de descifrar los misterios de la creación divina.

La exploración científica del cosmos no sólo aumenta nuestra comprensión del universo, sino que también enriquece el viaje espiritual. A través del conocimiento científico, podemos apreciar mejor la complejidad y la belleza de la creación divina. La exploración espacial nos recuerda la inmensidad del cosmos y la pequeñez de la Tierra, lo que puede inspirar un sentimiento de humildad y reverencia hacia lo divino.

La ciencia es conocida por su riguroso método científico basado en la observación, la experimentación, el análisis crítico y la formulación de hipótesis comprobables. Este enfoque, centrado en la evidencia empírica, puede adaptarse para investigar cuestiones espirituales y religiosas, promoviendo una búsqueda más fundamentada e informada del conocimiento divino.

El método científico fomenta un enfoque crítico para evaluar y examinar las creencias religiosas. Esto no implica necesariamente desacreditar dichas creencias, sino someterlas a un escrutinio racional y empírico. A través del análisis crítico, podemos comprender mejor la base de las creencias religiosas y cómo se relacionan con nuestra búsqueda de Dios.

La espiritualidad suele tratar de experiencias personales y trascendentales. Aplicar el método científico nos ayuda a examinar estas experiencias desde una perspectiva empírica. La investigación científica sobre las experiencias espirituales, la meditación, la oración y los estados alterados de conciencia proporciona una comprensión más sólida de cómo estas prácticas afectan a la conexión con Dios.

El método científico también nos anima a formular hipótesis comprobables relacionadas con la espiritualidad y la búsqueda del conocimiento divino. Esto significa que podemos desarrollar preguntas y teorías que pueden ser investigadas empíricamente, permitiendo una búsqueda más sistemática y dirigida de la verdad divina.

La aplicación del método científico en la búsqueda del conocimiento divino no significa necesariamente un conflicto entre ciencia y religión. Al contrario, puede allanar el camino para una integración más armoniosa entre ambas perspectivas. La ciencia puede aportar ideas valiosas que complementen las creencias espirituales, creando un enfoque más holístico de la comprensión de Dios.

Uno de los retos más importantes a la hora de integrar ciencia y espiritualidad es el aparente conflicto entre las creencias religiosas y los descubrimientos científicos. En algunos casos, las interpretaciones literales de los textos religiosos pueden entrar en conflicto directo con los conocimientos científicos establecidos. Por ejemplo, la teoría de la evolución puede verse como un desafío a algunas interpretaciones creacionistas de las religiones monoteístas. Estos conflictos pueden crear dilemas a quienes buscan una comprensión más amplia de Dios.

Lo construido a lo largo de los tiempos por los sistemas religiosos ha creado una barrera, al tiempo que ha acomodado el dogma religioso tan profundamente en el subconsciente colectivo que, aunque no pueda refutar la ciencia, cuestiones como la evolución de las especies o el Big Bang son vistas con escepticismo por los religiosos más fervientes.

Para superar los retos que plantea la integración de la ciencia y la espiritualidad, es esencial adoptar un enfoque que valore ambas perspectivas. Esto implica reconocer que la ciencia y la espiritualidad son ámbitos distintos, cada uno con su propio alcance y métodos. La ciencia trata de explicar el «cómo» del universo, mientras que la espiritualidad aborda el «por qué» y el significado más profundo de la existencia.

Un enfoque que muchos adoptan para conciliar las creencias religiosas con la ciencia es la interpretación no literal de los textos religiosos. En lugar de considerar estos textos como descripciones literales de acontecimientos, pueden verse como alegóricos o simbólicos. Esto permite a las personas mantener sus creencias espirituales al tiempo que aceptan los descubrimientos científicos.

En este contexto, podemos afirmar que no toda el agua contenida en los océanos, o incluso en suspensión, sería suficiente para inundar todo el planeta, como se cita en algunas escrituras. La imposibilidad científica del acontecimiento conocido como Diluvio obliga a aceptar que su descripción es sólo alegórica. Este es un punto crucial, después de todo, no aceptar la descripción como una cita alegórica implicaría que la afirmación de la ocurrencia del diluvio, según la ciencia, no corresponde a la verdad y esto pondría en duda el resto del contenido del libro donde se inserta el texto.

De este modo, el enfoque flexible permite que tanto la ciencia como la espiritualidad coexistan de forma más armoniosa, reconociendo que cada una desempeña un papel distinto en la búsqueda del conocimiento de Dios. Esto no sólo enriquece la comprensión de lo divino, sino que también ayuda a superar los retos y dilemas que surgen al integrar estas dos perspectivas aparentemente divergentes.

Otra forma de integrar ciencia y espiritualidad es mediante la aplicación de valores espirituales y éticos en el contexto científico. Se trata de utilizar principios espirituales, como la compasión, la empatía y el cuidado de los demás, como directrices para la investigación científica y el uso responsable de la tecnología. La integración de los valores espirituales puede enriquecer la práctica científica y ayudar a orientar los avances tecnológicos de forma ética.

La integración de la ciencia y la espiritualidad también requiere la voluntad de aceptar la complejidad. No todas las preguntas tienen respuestas sencillas, y muchos aspectos de lo divino pueden seguir siendo misteriosos. La búsqueda del conocimiento divino es un viaje continuo, y la voluntad de explorar las intersecciones entre ciencia y espiritualidad puede conducir a una comprensión más rica y enriquecedora del universo y de Dios.

Capítulo 14
La Visión Deísta de Dios

En mi búsqueda de la comprensión divina, la concepción de Dios asume un papel central y trascendental. Para comprender el deísmo, es vital captar mi singular visión de Dios.

Desde mi perspectiva, Dios se manifiesta como una entidad inmaterial, desprovista de forma física. Esta concepción contrasta con la de muchas religiones, que personifican a las deidades como seres antropomórficos. Para mí, Dios representa una presencia espiritual que impregna el universo, simultáneamente la fuente primordial de todas las cosas y la esencia que trasciende todas las formas. Esta visión inmaterial de Dios me invita a establecer un vínculo único con la divinidad, desprovisto de rituales y dogmas, al tiempo que busco una comprensión más personal.

Además de su naturaleza inmaterial, concibo a Dios como una entidad trascendental. Esto implica que Dios está más allá de la comprensión, inalcanzable para los conceptos humanos. La trascendencia de Dios es lo que hace posible la existencia del universo y el orden natural que lo regula. Dios, arquitecto supremo, estableció las leyes del universo y permitió que la vida floreciera según esas leyes, sin interferir directamente en los asuntos humanos.

Dios me invita a contemplar el misterio de la existencia y a buscar la comprensión divina a través de la razón y la observación del mundo que me rodea. La búsqueda del conocimiento de Dios representa para mí un viaje personal y continuo, una exploración intelectual y espiritual que desafía a la mente y alimenta el alma. En el proceso, me esfuerzo por comprender el propósito de la vida y la conexión entre la existencia humana y el plan divino.

Para entender la perspectiva deísta de Dios, es esencial desentrañar las representaciones antropomórficas que suelen dominar las concepciones religiosas tradicionales. Al rechazar la noción de un Dios con forma humana, o cualquier otra forma en que las religiones lo retratan, cuestiono las limitaciones de la mente humana y animo a todos a trascender las imágenes comunes asociadas a la divinidad.

Muchas religiones suelen retratar a Dios con características humanas, como un rostro, brazos, piernas y atributos emocionales. Esta antropomorfización de Dios lo hace más accesible a la gente, permitiéndoles relacionarse con una figura divina que parece comprensible y cercana. Sin embargo, yo sostengo que este enfoque restringe la naturaleza divina y encierra a Dios en una caja limitada.

En este contexto, es crucial aclarar que cualquier intento humano de representar plásticamente la imagen de Dios es inadecuado incluso para las mentes más modestas. La forma humana es una adaptación biológica que resultó necesaria para la supervivencia de la especie, y que con el tiempo se ha ido perfeccionando para adaptarse a las necesidades. Es incomprensible que la mente humana, que es racional, pueda concebir que un ser que no haya sufrido esas adaptaciones biológicas tenga una forma similar.

Mi visión de Dios es la de una entidad tan vasta y compleja que la mente humana no puede abarcarla plenamente. Al rechazar las representaciones antropomórficas, invito a todos a mirar más allá de las imágenes convencionales de Dios y explorar la verdadera naturaleza de la divinidad. Insisto en que la comprensión de Dios debe basarse en la razón, la observación del orden natural y la búsqueda continua del conocimiento. Esta búsqueda de la verdadera naturaleza de Dios representa un viaje intelectual y espiritual que desafía a la mente y amplía los horizontes de la comprensión humana.

Hoy percibo el universo como una manifestación de la voluntad divina de un Dios inmaterial y trascendental. En lugar de ser una figura activa que interviene constantemente en la creación, Dios es el creador que estableció las leyes naturales que rigen el cosmos. Cuando adopté esta perspectiva, experimenté un profundo alivio, pues me liberé de la imagen de un Dios punitivo e insensible que sólo favorece a unos pocos.

Mi visión de la naturaleza inmaterial y trascendental de Dios hace hincapié en la sencillez y la universalidad de la divinidad. En lugar de abrazar mitologías complejas o dogmas religiosos, encuentro la belleza en la sencillez de mi visión de Dios como causa primordial de todo lo que existe. Esto me inspira a apreciar la creación en su forma más pura, reconociendo la presencia de Dios en la armonía del mundo natural.

Mi comprensión de la naturaleza inmaterial y trascendental de Dios sirve también como llamamiento a la responsabilidad humana en la preservación y el cuidado de la creación. Creo que, como seres racionales, tenemos el deber ético y moral de proteger el medio ambiente y promover la armonía en el mundo. Entender la divinidad como trascendental me recuerda que formamos parte de un orden mayor y que nuestra conexión con Dios se refleja en nuestras acciones.

Es fundamental comprender cómo esta concepción de la naturaleza inmaterial y trascendental de Dios se relaciona con la vida humana y el camino espiritual. Creo que esta visión única de la divinidad tiene profundas implicaciones para entender el alma, la existencia humana y el camino hacia el conocimiento divino.

En mi opinión, el alma humana es una chispa divina, una parte de la esencia trascendental de Dios. Esta visión, arraigada en la naturaleza inmaterial de Dios, subraya la idea de que cada individuo lleva consigo una conexión intrínseca con lo divino. El alma se percibe como inmortal, no sujeta a la muerte física, y su viaje está intrínsecamente ligado a la búsqueda de la comprensión de Dios y la evolución espiritual.

Mi creencia en la búsqueda del conocimiento divino es un viaje personal e intelectual que implica la exploración de mi propia alma. Creo que cultivando la razón, la ética y la contemplación puedo acercarme a Dios. La naturaleza trascendental de Dios sirve de inspiración para esta búsqueda continua, animándome a profundizar en mi comprensión de la divinidad y del universo.

Insisto en la importancia de la ética como parte integrante del viaje espiritual. Creo que la comprensión de la moralidad está intrínsecamente ligada a la comprensión de la voluntad divina y al reconocimiento de la responsabilidad humana de preservar el equilibrio y la armonía en el mundo. Esta conexión entre ética y espiritualidad es una parte esencial de mi visión de la naturaleza trascendental de Dios.

Mi comprensión de Dios como una entidad inmaterial y trascendental invita a la contemplación. Esta contemplación no se limita a rituales religiosos específicos, sino que implica una búsqueda intelectual y espiritual que invita a meditar sobre la naturaleza del universo y su relación con Dios. Es una llamada a profundizar en la propia conexión espiritual a través de la reflexión y la búsqueda continua del conocimiento divino.

Considero que la búsqueda de la unidad con Dios es el objetivo supremo del viaje espiritual. Creo que a lo largo de este viaje, el alma se acerca progresivamente a la divinidad, trascendiendo las limitaciones de la existencia humana y volviendo a la unidad con lo trascendental. Esta búsqueda de la unidad con Dios representa la realización del viaje espiritual.

Sin embargo, reconozco que la búsqueda del conocimiento divino y de la unidad con Dios es un viaje continuo. No es un destino, sino un proceso incesante de perfeccionamiento y reflexión espiritual.

Capítulo 15
La Evolución de las Representaciones de Dios

Desde los albores de la civilización, la humanidad ha tratado de comprender lo divino. En diferentes culturas y épocas, asistimos a la aparición de dioses y diosas, cada uno de los cuales reflejaba las preocupaciones, temores y aspiraciones de las sociedades que les rendían culto. Estas representaciones divinas se moldearon según las necesidades culturales, sociales y psicológicas de la época.

Los deístas, como yo, creemos que Dios es una entidad trascendental, una fuerza que está más allá de la capacidad de la mente humana para comprenderla plenamente. Sin embargo, a lo largo de la historia hemos sido testigos de una tendencia notable: la creación de representaciones antropomórficas de Dios. Esto plantea una pregunta intrigante: ¿cómo se puede describir a un ser divino y eterno de un modo tan variable y a veces contradictorio?

En este contexto, asistimos a la creación de dioses y diosas que reflejaban no sólo los deseos de las antiguas civilizaciones, sino también los elementos naturales y las fuerzas cósmicas que conformaban sus vidas, además de satisfacer en gran medida las necesidades de control de masas a través de la fe.

A orillas del Nilo, los egipcios rendían culto a una panoplia de deidades, cada una de las cuales representaba aspectos específicos de la vida, la muerte y el más allá. Los dioses egipcios, como Isis, Osiris y Ra, personificaban elementos de la naturaleza y fenómenos cósmicos. Daban un sentido de orden y significado a un mundo a menudo misterioso e implacable.

En la antigua Grecia, las deidades gobernaban el Olimpo y cada una aportaba una dimensión única a la experiencia humana. Zeus, el todopoderoso, simbolizaba la autoridad y el rayo; Afrodita personificaba el amor y la belleza; Atenea representaba la sabiduría y la estrategia. Estos dioses y diosas eran entidades antropomórficas, a menudo influidas por las pasiones y debilidades humanas.

En la India antigua, deidades como Brahma, Visnú y Shiva personificaban aspectos del ciclo de la vida, la muerte y el renacimiento. Estos dioses eran venerados en diferentes formas y manifestaciones, lo que refleja la complejidad espiritual de la cultura india.

En China, el taoísmo y el confucianismo moldearon la comprensión espiritual. El Tao, una fuerza cósmica inmutable, era fundamental para el taoísmo, mientras que Confucio hacía hincapié en la moralidad y la ética como principios clave para una sociedad armoniosa.

En Roma, los dioses se adaptaron de la mitología griega, pero con nombres diferentes. Júpiter, correspondiente a Zeus, era el señor de los dioses, mientras que Marte personificaba la guerra y Venus, el amor y la fertilidad. Estas representaciones divinas desempeñaron un papel fundamental en la cultura romana y se reflejaron en la religión, la política y la vida cotidiana.

Lo que hace aún más fascinante la historia de Roma es la transición religiosa que tuvo lugar a partir del año 312 d.C.. En ese año, el Imperio Romano se enfrentó a divisiones religiosas y políticas. Según los relatos históricos, el emperador Constantino tuvo una visión extraordinaria. Dijo haber visto una cruz en el cielo con la inscripción «In hoc signo vinces» (En este signo, vencerás). Constantino lo interpretó como una señal divina y decidió adoptar el símbolo cristiano, conocido como Chi-Rho, en la insignia de su ejército antes de la batalla. Sorprendentemente, Constantino ganó esta batalla decisiva y atribuyó su victoria al Dios cristiano.

Al año siguiente, en el 313 d.C., Constantino promulgó el Edicto de Milán, junto con el coemperador Licinio. Se trata de un hito importante en la historia, ya que concedió la tolerancia religiosa a todas las religiones del Imperio Romano, incluido el cristianismo. Esta medida fomentó la libertad religiosa y permitió que el cristianismo se desarrollara sin persecuciones.

La cristianización del Imperio Romano representó una importante transformación religiosa, pero también suscitó preocupación por la fusión de la Iglesia con el poder político. A medida que crecía la fe cristiana, la institución eclesiástica empezó a adquirir influencia y autoridad política, lo que podría considerarse una distorsión de los principios originales del cristianismo, que hacían hincapié en la sencillez y la moralidad. Esto también dio lugar a periodos de intolerancia religiosa, como la Inquisición, que reprimió cualquier forma de disidencia religiosa, marcando un periodo difícil en la historia del cristianismo.

La Edad Media fue un periodo marcado por cambios significativos en las visiones religiosas y en la comprensión de Dios. Durante la Edad Media, la influencia del cristianismo se extendió por toda Europa y más allá, moldeando profundamente la concepción de Dios para muchos. En este contexto, la visión de Dios se vio cada vez más influida por las escrituras y enseñanzas de la Biblia.

El Dios abrahámico, adorado por el judaísmo, el cristianismo y el islam, surgió como figura central. Este Dios se representaba a menudo como el creador del universo, el juez supremo y gobernante de toda la creación. Se le percibía como un ser que interviene activamente en la vida humana, guiando los destinos, distribuyendo recompensas y castigos y eligiendo para sí a algunos elegidos.

Las iglesias cristianas de la Edad Media hacían hincapié en la autoridad del clero y en la necesidad de la mediación religiosa para alcanzar la salvación. La Iglesia católica desempeñaba un papel dominante en la vida de la gente, controlando no sólo los aspectos espirituales, sino también los políticos y sociales. A menudo se representaba a Dios como una figura distante cuyo acceso estaba mediado por la jerarquía religiosa.

Sin embargo, también fue un periodo de intensa devoción y búsqueda espiritual. Las catedrales góticas, como la de Notre-Dame, son impresionantes testigos de esta devoción, con su majestuosa arquitectura y sus vidrieras que narran historias bíblicas. Durante este periodo, la gente buscaba a Dios a través de rituales, oraciones y peregrinaciones, buscando una conexión directa con lo divino. Sin embargo, en mi opinión, este enfoque puede considerarse contradictorio con la visión de Dios como una entidad omnipresente, ya que está en todas partes.

La influencia del filósofo cristiano Tomás de Aquino aportó una nueva dimensión a la comprensión de Dios. Sostuvo que la razón humana podía utilizarse para comprender mejor a Dios y su relación con el mundo. Esta síntesis entre fe y razón tuvo un impacto duradero en la teología cristiana.

Sin embargo, el Dios de la Edad Media se convirtió a menudo en un ser temible, asociado a duras sentencias y castigos divinos. La visión de un Dios vengativo e implacable provocó un temor generalizado y una búsqueda desesperada de redención.

El deísmo surgió como respuesta a esta visión de Dios. Afirmamos que Dios es una entidad trascendental y benevolente, no limitada por las representaciones humanas ni por el miedo humano. Para los deístas, Dios es el creador del universo, pero también el observador imparcial que permite que el mundo siga su curso natural sin intervención arbitraria.

El deísmo nos desafía a buscar una comprensión más profunda de Dios, que vaya más allá de las representaciones e imágenes culturales de un Dios antropomórfico. Nuestra visión de Dios como una entidad que trasciende todas las representaciones humanas nos invita a explorar la naturaleza divina de un modo más abierto y amplio.

Al explorar la evolución de las representaciones de Dios, recordemos que estas visiones están moldeadas por las necesidades culturales, psicológicas y políticas de su época. Cada época trae consigo su propia y singular comprensión de Dios, y el deísmo nos invita a reflexionar críticamente sobre estas representaciones en busca de una comprensión más profunda y universal de la naturaleza divina, cuestionando y desafiando las ideas preconcebidas, en busca de la más plena comprensión de la divinidad.

El Renacimiento estuvo marcado por una explosión de creatividad, pensamiento crítico y un redescubrimiento de la importancia de la individualidad.

En el Renacimiento, el interés por comprender a Dios tomó una nueva dirección. El énfasis se puso en la capacidad humana para la razón, la exploración y la expresión creativa. Artistas como Leonardo da Vinci y Miguel Ángel crearon obras maestras que cautivaron la imaginación y celebraron la belleza de la existencia humana.

La visión de Dios comenzó a alejarse de las representaciones autoritarias y distantes de la Edad Media. Los filósofos del Renacimiento exploraron ideas sobre la naturaleza de Dios que enfatizaban la conexión entre lo divino y lo humano. Sostenían que la búsqueda del conocimiento y la expresión artística eran formas de acercarse a Dios.

La noción de que la búsqueda del conocimiento era un viaje espiritual ganó importancia. El estudio de las ciencias naturales, como la astronomía y la anatomía, se consideraba una forma de comprender mejor la creación. Esto cuestionaba la visión tradicional de Dios como una entidad sobrenatural que interfería directamente en el mundo.

Al florecer la individualidad y la expresión personal, surgieron también nuevas interpretaciones de Dios. Filósofos como Giordano Bruno propusieron ideas que cuestionaban la visión convencional de Dios. Sostenía que Dios era una fuerza inmanente en el universo, presente en todas las cosas.

El Renacimiento fue un periodo de exploración intelectual y de expansión de las fronteras del pensamiento humano. Fue una época que fomentó la búsqueda de una comprensión más personal y directa de Dios, en contraste con la visión impersonal y autoritaria que prevalecía en la Edad Media.

Sin embargo, a medida que avanzamos en nuestro viaje de exploración, se nos recuerda que las representaciones de Dios siguen evolucionando. Cada época aporta sus propias perspectivas y desafíos, y nuestra comprensión de la divinidad sigue ampliándose, aunque el Dios en el que creemos siga siendo el mismo.

Capítulo 16
La Evolución de las Representaciones de Dios

La Revolución Científica, que alcanzó su apogeo en los siglos XVI y XVII, arrojó nueva luz sobre la naturaleza del universo y, en consecuencia, sobre nuestra comprensión de Dios.

En el periodo posterior a la Ilustración, científicos de renombre como Galileo Galilei, Johannes Kepler e Isaac Newton protagonizaron una auténtica revolución en la comprensión de las leyes naturales que rigen el universo. Sus descubrimientos, como las leyes del movimiento y la ley de la gravedad, proporcionaron una visión más coherente y completa del funcionamiento del universo.

Esta nueva comprensión planteó importantes interrogantes sobre la relación entre Dios y la creación. El mecanicismo, una perspectiva filosófica que concebía el universo como una máquina perfectamente ordenada, llevó a algunos a concebir a Dios como un gran relojero divino. Desde esta perspectiva, Dios planificó el universo y lo puso en movimiento, sin interferir directamente en su funcionamiento.

Esta representación de Dios como «Divino Relojero» enfatizaba el orden y la regularidad del universo, reflejando las leyes naturales descubiertas por la ciencia. Sin embargo, también alejaba a Dios de la esfera de intervención directa en la vida humana, a medida que se generalizaba la búsqueda de explicaciones racionales y naturales para fenómenos que antes se consideraban milagrosos.

Para los deístas, esta visión era compatible con su creencia en un Dios creador del universo, pero que no interfería constantemente en la vida humana. La ciencia, en este sentido, se consideraba una herramienta para desentrañar las maravillas de la creación divina.

A medida que la ciencia avanzaba, los nuevos descubrimientos seguían poniendo en tela de juicio las concepciones tradicionales de Dios. Teorías como la evolución de Charles Darwin y la teoría del Big Bang transformaron nuestra comprensión del origen de la vida y del universo. Estas teorías ofrecían explicaciones naturales a fenómenos que antes se atribuían a la acción directa de Dios.

Los deístas se enfrentaron al reto de conciliar estos nuevos descubrimientos con su creencia en un Dios creador. Muchos sostenían que la ciencia y la religión no se excluían mutuamente, sino que eran enfoques complementarios para comprender el universo. Para ellos, la ciencia revelaba cómo operaban en el mundo las leyes naturales de Dios, mientras que la religión seguía explorando cuestiones de significado y finalidad.

Con la expansión del conocimiento, llegamos a un punto en el que la concepción de Dios como expresión del misterio universal desempeña un papel central en la espiritualidad deísta. Esta visión trasciende las representaciones antropomórficas y nos invita a contemplar la divinidad de un modo más abstracto y universal.

En el centro de esta representación está la idea de que Dios es la manifestación del misterio cósmico que impregna el universo. No se trata de un Dios distante y personal, sino de una presencia inmanente que se revela en todos los aspectos de la creación. Para los deístas, Dios se encuentra en el orden y la armonía del cosmos, en la belleza de la naturaleza y en la complejidad del mundo natural.

Esta visión de Dios como expresión del misterio universal nos invita a trascender los conceptos limitados y a conectar con algo que está más allá de la comprensión. Es una llamada a la humildad, el asombro y la reverencia ante la inmensidad del universo y la naturaleza divina.

Para los deístas, esta perspectiva espiritual es profundamente inspiradora. Nos recuerda que formamos parte de algo más grande y que nuestro viaje espiritual implica explorar este misterio universal. Cada descubrimiento científico, cada momento de asombro ante la naturaleza y cada reflexión profunda sobre el cosmos nos acercan a esta realización.

La expresión del misterio universal también nos desafía a aceptar la diversidad de creencias y religiones del mundo. Reconocemos que las distintas tradiciones espirituales ofrecen distintas visiones de Dios, cada una de las cuales capta un aspecto del infinito. En lugar de dividir, esta visión nos une en nuestra búsqueda del conocimiento divino.

En última instancia, entender a Dios como expresión del misterio universal nos invita a abrazar la belleza de la incertidumbre y la riqueza de la exploración espiritual continua. Es un viaje en el que no buscamos respuestas definitivas, sino una conexión más profunda con lo divino a través de la contemplación del misterio que impregna la creación.

La evolución de las representaciones de Dios nos lleva a una intersección intrigante: cómo el concepto de Dios en el deísmo se relaciona con las instituciones religiosas tradicionales y, al mismo tiempo, con la espiritualidad individual. Este es un punto de partida fundamental para comprender la perspectiva deísta sobre el papel de las religiones y la búsqueda espiritual personal.

En el deísmo encontramos a menudo una sana tensión entre la comprensión de lo divino como misterio universal y la dinámica de las religiones organizadas. Los deístas valoran la diversidad de tradiciones religiosas en el mundo, reconociendo que cada una ofrece una lente única a través de la cual contemplar la espiritualidad.

Por un lado, las instituciones religiosas tradicionales han desempeñado un papel importante en la historia de la humanidad, proporcionando marcos para el culto, la ética y la comunidad. Sin embargo, los deístas optan por una vía espiritual más personal, prefiriendo una relación directa con lo divino, libre de estructuras dogmáticas y prácticas rituales. En este sentido, muchas personas adoptan prácticas deístas sin siquiera darse cuenta, ya que es común en la sociedad moderna dejar de asistir a la iglesia, puesto que el concepto de un Dios omnipresente permite el contacto con Él en cualquier lugar. La respuesta más común entre las personas que adoptan esta práctica es: «No necesito ir a la iglesia para hablar con Dios».

Para los deístas, la búsqueda personal de Dios es un acto profundamente significativo. La espiritualidad individual permite una exploración más libre y abierta de lo divino, sin las restricciones de doctrinas religiosas específicas. Es un viaje que fomenta el autodescubrimiento, la contemplación y la búsqueda del conocimiento divino a nivel personal.

Esta relación directa con lo divino también se manifiesta en la forma en que los deístas interpretan los textos religiosos. En lugar de adherirse rígidamente a las escrituras sagradas, los deístas tienden a utilizarlas como fuentes de inspiración y reflexión. Buscamos un significado personal en las palabras, explorando cómo estas escrituras se relacionan con nuestra comprensión de Dios.

El deísmo adopta la espiritualidad como un viaje continuo, animando a la gente a buscar constantemente una comprensión más profunda de Dios y del universo. No existe un dogma rígido que defina la fe deísta; en su lugar, la fe se forja mediante la búsqueda personal y la contemplación del misterio universal.

Este enfoque espiritual es un reflejo del espíritu inquisitivo de los deístas, que valoran la razón, la ciencia y la búsqueda de la verdad. Creemos que la búsqueda de Dios no debe estar limitada por fronteras religiosas.

En el corazón del deísmo está la creencia de que Dios es una fuente perenne de inspiración y guía. A medida que exploramos cómo han evolucionado las representaciones de Dios a lo largo de la historia humana, es crucial comprender cómo los deístas ven lo divino como una fuerza que influye en sus vidas de forma práctica y significativa.

Los deístas encuentran inspiración en la contemplación de la grandeza y complejidad del universo. Cuando observan el cosmos, ven la mano de Dios en el orden y la belleza del mundo natural. Esta visión inspiradora de lo divino nos anima a buscar una comprensión más profunda de la naturaleza y de los misterios del universo.

La guía divina también desempeña un papel crucial en la espiritualidad deísta. Creemos que Dios no sólo creó el universo, sino que también estableció leyes y principios que rigen el funcionamiento del mundo. Consideramos estas leyes como una guía para llevar una vida ética y moral.

Buscar la guía divina implica reflexionar sobre estas leyes naturales y aplicarlas a la vida. Los deístas creen que viviendo en armonía con las leyes divinas pueden alcanzar un estado de equilibrio y paz interior. Esto les lleva a tomar decisiones éticas y a actuar de forma compasiva con los demás.

Dios es visto como una presencia constante y benéfica, que ofrece una guía sutil a través de la observación y la contemplación del mundo. La naturaleza, para los deístas, es un libro abierto que revela principios divinos, y la estudian con reverencia.

La visión deísta de Dios como fuente de inspiración y guía práctica trasciende los límites de la religión organizada. Invita a cada individuo a encontrar sentido y propósito en su propio viaje espiritual. Los deístas valoran la libertad de buscar a Dios de forma personal, al tiempo que se esfuerzan por vivir según los principios éticos y morales que consideran fundamentales.

Es importante destacar que el deísmo es un viaje continuo. La búsqueda del conocimiento divino en el Deísmo nunca es completa, ya que está intrínsecamente ligada a la búsqueda de una comprensión de la complejidad del universo y de la naturaleza humana.

En el Deísmo, valoramos la reflexión, el cuestionamiento y la búsqueda constante de la verdad. Creemos que comprender a Dios y lo divino es un viaje que dura toda la vida y va más allá de ella. Es un viaje que nos lleva a explorar no sólo el cosmos y la existencia humana, sino también nuestra propia naturaleza y propósito.

El deísmo no busca respuestas simplistas ni dogmas inflexibles. Al contrario, fomenta el pensamiento crítico y la exploración intelectual. La evolución de las representaciones de Dios es una manifestación de esta búsqueda continua de la comprensión. A medida que la humanidad evoluciona, también lo hace nuestra visión de lo divino, reflejando nuestro progreso intelectual y espiritual.

Esta filosofía nos reta a permanecer abiertos a nuevos descubrimientos y a reconocer que nuestras representaciones de Dios no son más que intentos humanos de captar lo inefable. No podemos pretender comprender plenamente el misterio divino, pero podemos esforzarnos por acercarnos a él a través de la contemplación, la reflexión y la búsqueda constante de conocimiento.

Te invito a mantener la mente abierta a los misterios que ofrece el Deísmo. En el deísmo encontramos un camino que nos permite explorar nuestra espiritualidad de forma personal, al tiempo que abrazamos los principios éticos y morales que consideramos fundamentales.

Capítulo 17
La Universalidad de la Búsqueda de Dios

La búsqueda universal de Dios es un viaje que trasciende culturas y épocas. Desde los albores de la humanidad, los hombres han mirado al cielo estrellado, a los fenómenos naturales y a su propio interior en busca de respuestas sobre la existencia y lo divino. Esta búsqueda no conoce fronteras geográficas, barreras lingüísticas ni límites temporales.

Los deístas comprenden profundamente esta búsqueda innata de Dios, porque está en el corazón de nuestra fe. La visión deísta de Dios como Creador del universo y de las leyes naturales resuena con la observación del orden y la belleza que impregnan el cosmos. La universalidad de esta búsqueda es un testimonio de la conexión intrínseca entre la humanidad y lo divino.

A lo largo de la historia, las distintas culturas han desarrollado sus propias representaciones y conceptos de Dios, moldeados por sus contextos culturales, experiencias y concepciones únicas. Sin embargo, independientemente de las representaciones específicas, la búsqueda de la verdad divina sigue siendo un hilo conductor que une a todas las civilizaciones.

Los deístas reconocemos la diversidad de creencias y prácticas religiosas en todo el mundo y respetamos la riqueza de este paisaje espiritual. Vemos esta diversidad como una expresión de la búsqueda humana de una comprensión más profunda de la divinidad. Al fin y al cabo, la búsqueda de Dios no es sólo un viaje intelectual, sino también un viaje del corazón y del alma.

Mientras exploramos la universalidad de la búsqueda de Dios, les invito a reflexionar sobre la belleza de esta diversidad y a darse cuenta de que, a pesar de las diferencias externas, todos compartimos un deseo intrínseco de conectar con algo más grande que nosotros mismos. Es en esta búsqueda donde encontramos nuestra humanidad compartida y la chispa divina que habita en cada uno de nosotros.

La búsqueda universal de Dios está profundamente entretejida en el tejido de la religión y la espiritualidad humanas. La historia de la humanidad está llena de tradiciones religiosas que ofrecen diversas y ricas interpretaciones de la divinidad. Los deístas reconocen y respetan esta diversidad religiosa como parte de la búsqueda humana de Dios.

En contraste con muchas tradiciones religiosas, el deísmo destaca por su particular enfoque. Vemos a Dios como el Creador, pero no como un ser que interfiere directamente en la vida humana. Esta visión puede verse como un intento de entender a Dios de una forma más racional, alejada de las representaciones antropomórficas que suelen encontrarse en las religiones tradicionales.

La relación entre el concepto de Dios en el deísmo y las instituciones religiosas tradicionales puede ser compleja. Mientras que algunas personas encuentran consuelo y guía en estas instituciones, otras buscan una espiritualidad más personal e individual. Los deístas valoran la libertad de elección espiritual y creen que la conexión con Dios puede encontrarse tanto dentro como fuera de las estructuras religiosas convencionales.

La espiritualidad individual desempeña un papel fundamental en el camino de muchos deístas. Vemos a Dios como fuente de inspiración y guía en nuestra vida cotidiana, aunque no sigamos rituales religiosos específicos. La divinidad es una presencia constante en nuestras reflexiones y en la forma en que buscamos vivir vidas significativas y éticas.

La universalidad de la búsqueda de Dios se refleja en la diversidad de religiones y sistemas de creencias que abraza la humanidad. En el deísmo encontramos nuestra propia interpretación de este misterio divino, que hace hincapié en la racionalidad y la autonomía humanas. Independientemente de nuestro enfoque espiritual, la búsqueda de Dios sigue siendo una constante en nuestras vidas, una búsqueda que nos conecta con algo trascendental y eterno.

En nuestro viaje deísta, nos damos cuenta de que Dios es mucho más que una abstracción intelectual. Es una fuente de inspiración y guía profundas. Vemos a Dios como el principio supremo de la existencia.

La visión deísta de Dios como fuente de inspiración nos invita a contemplar lo divino en todos sus aspectos. Cada puesta de sol, cada acto de bondad y cada momento de asombro ante la belleza del mundo natural son reflejos de Dios en nuestra vida cotidiana. Esta toma de conciencia nos inspira a vivir con gratitud y aprecio, valorando cada experiencia como un don divino.

Además de inspiración, Dios es también una brújula moral. Creemos que comprender la divinidad nos guía en nuestra búsqueda de la verdad, la justicia y la compasión. Al interiorizar el principio deísta, se nos anima a tomar decisiones éticas, a respetar la dignidad de todos los seres humanos y a buscar el bien común.

Ver a Dios como una presencia que nos guía también nos ayuda a afrontar los retos personales. En tiempos difíciles, encontramos fuerza en la creencia de que Dios está con nosotros, ofreciéndonos apoyo. Esta fe nos permite superar obstáculos, crecer como personas y afrontar las adversidades de la vida con valentía y determinación.

Dios es nuestra inspiración constante y nuestra brújula moral. Nos recuerda la belleza del mundo y nos guía en nuestra búsqueda de la verdad y la compasión. La visión deísta de Dios como fuente de inspiración y guía no sólo enriquece nuestras vidas, sino que también nos motiva a buscar la sabiduría divina en todos los aspectos de la existencia.

La filosofía deísta no es sólo una teoría abstracta, sino una filosofía que puede vivirse y practicarse en la vida cotidiana. Nos invita a aplicar los principios y creencias deístas en todos los ámbitos de la vida, transformando nuestras acciones y perspectivas.

Uno de los principios fundamentales del deísmo, subrayado con insistencia, es el cultivo de la razón y el pensamiento crítico. Creemos que la razón es un don divino que nos permite comprender el mundo y buscar el conocimiento divino. En la práctica, esto significa que tratamos constantemente de ampliar nuestro entendimiento, cuestionando dogmas y prejuicios, y adoptando un enfoque racional para la resolución de problemas.

La ética también desempeña un papel central en la filosofía deísta. Creemos que la moralidad no depende necesariamente de creencias religiosas concretas, sino que es un principio universal que trasciende estas fronteras. En la práctica, esto significa que nos esforzamos por llevar una vida ética, basada en principios como la compasión, la justicia y el respeto a los demás.

Por ejemplo, pensemos en dos personas: una que decide no cometer un robo por miedo a las consecuencias legales o divinas, y otra que toma esta decisión guiada por su código ético y moral, que sencillamente no permite el acto de robar. Esto es espiritualidad deísta; no se rige por un sistema de recompensas y castigos. Buscamos a Dios porque queremos encontrarle, no porque anhelemos un lugar en el paraíso.

Esta espiritualidad se manifiesta en la búsqueda constante del conocimiento divino. Intentamos comprender mejor la naturaleza de Dios, del universo y de nuestra propia existencia. En la práctica, esto nos lleva a explorar áreas como la filosofía, la ciencia, el arte y la espiritualidad, buscando conexiones profundas entre estos campos de estudio.

Otro aspecto práctico del deísmo es el respeto a la libertad individual de creencia y pensamiento. Creemos que cada persona tiene derecho a seguir su propio camino espiritual y a buscar la verdad según su conciencia. Esto se traduce en un enfoque integrador y tolerante hacia las creencias de los demás.

La filosofía deísta en la práctica implica integrar los principios deístas en la vida cotidiana. Buscamos la razón, la ética, la espiritualidad y la libertad de pensamiento como formas de acercarnos a Dios. El deísmo no es sólo una filosofía, sino una guía práctica para una vida de reflexión, compasión y búsqueda constante del conocimiento divino.

Al explorar la filosofía deísta, llegamos a una visión única de Dios como expresión del misterio universal. Para nosotros, Dios no es una entidad lejana o inalcanzable, sino una manifestación de ese misterio que impregna todo el cosmos.

Esta perspectiva nos invita a contemplar la inmensidad y complejidad del universo como una expresión directa de Dios. Cada estrella del cielo, cada árbol del bosque y cada ser humano de la Tierra forman parte de este intrincado rompecabezas divino. Dios no está separado de la creación; es intrínseco a ella.

En la práctica, esta visión nos anima a desarrollar una profunda reverencia por la naturaleza y todas las formas de vida. Vemos el universo como un templo sagrado, y cada experiencia como una oportunidad para conectar con lo divino. Contemplando la belleza de la naturaleza y las maravillas del cosmos, encontramos inspiración espiritual.

Esta comprensión de Dios como expresión del misterio universal también nos lleva a una búsqueda constante de respuestas a las grandes preguntas de la existencia. Cuestionamos, exploramos y reflexionamos sobre los misterios de la vida y la muerte, del sentido y el propósito. Toda búsqueda de conocimiento es una búsqueda de una comprensión más profunda de Dios.

La espiritualidad deísta se enriquece al reconocer que el misterio universal es insondable y que nuestra búsqueda de Dios es un viaje sin fin. Esta búsqueda no sólo está impulsada por el deseo de conocer la divinidad, sino también por el deseo de conocernos a nosotros mismos más profundamente. Al explorar los misterios del universo, exploramos también los misterios de nuestra propia existencia.

Dios, como expresión del misterio universal, nos recuerda que la vida es un viaje espiritual, lleno de descubrimientos y reflexiones. Cada momento, cada desafío y cada alegría son oportunidades para acercarnos a Dios y conectar con el misterio que impregna todo lo que existe. Esta es la esencia de la espiritualidad deísta en la práctica.

Capítulo 18
Comprender a Dios en la Edad Moderna

Al acercarnos a la visión deísta de Dios en la edad moderna, permíteme que te lleve a través de un análisis en profundidad de cómo nuestra comprensión divina se alinea con la comprensión contemporánea del universo y de la existencia humana.

Hoy en día, la ciencia y la filosofía han avanzado considerablemente. La astronomía y la física cuántica han revelado las complejidades del universo; la biología ha desentrañado los orígenes de la vida; y la psicología ha descifrado los matices de la mente humana. Estos triunfos científicos y filosóficos no disminuyen nuestra visión deísta de Dios, sino que la enriquecen.

Los deístas concebimos a Dios como el gran arquitecto del universo, el creador de las leyes naturales que rigen todo el cosmos. Cuando desentrañamos esas leyes a través de la ciencia, estamos de hecho desentrañando los planes de Dios. Cada descubrimiento científico se presenta como una revelación del conocimiento de Dios, dándonos la oportunidad de maravillarnos ante la complejidad y el orden que impregnan el universo.

La concepción deísta de Dios también armoniza con la concepción moderna de la existencia humana. Aquí reconocemos la autonomía y la responsabilidad humanas en la configuración de nuestro destino. No somos meros espectadores de la vida, sino coautores de nuestro propio viaje. La libertad de pensamiento y la capacidad de tomar decisiones éticas son dones divinos que nos permiten forjar nuestro propio camino.

En este escenario en constante evolución, la visión deísta nos invita a adoptar un enfoque racional y compasivo. Fomentamos el respeto por la diversidad de pensamiento y creencias, valoramos la libertad individual y buscamos el conocimiento y la verdad en un mundo inundado de información.

Comprender a Dios en la era moderna nos enseña que la espiritualidad es un viaje dinámico, no estático. Seguimos buscando una comprensión más profunda de Dios y del universo, manteniendo la mente abierta a futuros descubrimientos. Esta apertura nos ayuda a crecer como individuos y como sociedad, en un diálogo constante entre fe y razón.

En el deísmo, la comprensión de Dios no es una barrera para el progreso, sino una fuente de inspiración para explorar los misterios del universo. Vemos la ciencia y la espiritualidad como complementarias. Ambas tienen el potencial de elevarnos y guiarnos en la búsqueda de la verdad, tanto si esa verdad se revela a través de la observación del cosmos como de la contemplación de lo divino.

Así pues, en la era moderna, nuestra visión deísta de Dios sigue viva y es pertinente mientras tratamos de unir las maravillas de la ciencia y la espiritualidad en nuestro viaje hacia el conocimiento divino.

Nuestra fe nos enseña que Dios trasciende nuestra comprensión. Su grandeza y complejidad son verdaderamente infinitas.

Este misterio universal nos inspira a contemplar el cosmos y la existencia con un sentimiento de asombro y reverencia. Cada aspecto del universo, desde la inmensidad de las galaxias hasta la complejidad de las partículas subatómicas, se considera parte del gran plan de Dios. Todo está interconectado en una danza cósmica de energía y materia que refleja la sabiduría divina.

En nuestra búsqueda de Dios, nos sentimos inspirados para explorar los secretos de la naturaleza, desentrañar los enigmas del espacio e investigar los misterios de la mente humana. Cada descubrimiento, cada revelación científica, nos acerca a la comprensión de que Dios está presente en todos los aspectos de la vida.

Nos damos cuenta de que Dios no es sólo una figura lejana y abstracta, sino una presencia inmanente en todo lo que es. Dios está en los vientos que soplan, los árboles que crecen, los ríos que fluyen y las estrellas que brillan en el cielo nocturno. Dios es el tejido que une toda la creación, el aliento que da vida.

Esta visión nos lleva a una profunda conexión espiritual con el mundo natural, valorando la naturaleza como la manifestación tangible de Dios. Nuestra espiritualidad está arraigada en la reverencia a la creación y en el deseo de cuidar y preservar el mundo que Dios nos ha dado.

Al contemplar el misterio universal, nuestra fe nos enseña que la búsqueda de Dios es un viaje infinito. Cada revelación, por profunda que sea, abre las puertas a nuevas preguntas y desafíos. Somos humildes ante el misterio divino y reconocemos que nuestra comprensión nunca será completa.

En el deísmo, encontramos inspiración en el misterio universal, en la búsqueda incesante del conocimiento y en la reverencia ante la maravilla de la existencia. Nuestra fe nos motiva a explorar los límites del conocimiento humano, al tiempo que reconocemos que, al final, el mayor misterio de todos es la naturaleza de Dios.

Es crucial considerar cómo se alinea la visión deísta de Dios con la comprensión moderna del universo y de la existencia humana, desde que se concibió el deísmo.

En la era moderna, hemos sido testigos de increíbles avances en la ciencia y la filosofía. Extraordinarios descubrimientos en los campos de la astronomía, la física, la biología y la neurociencia han ampliado nuestra comprensión del universo y de nosotros mismos. A primera vista, podría parecer que estos descubrimientos cuestionan la creencia en un Dios creador. Sin embargo, los deístas ven armonía entre ciencia y espiritualidad.

La ciencia moderna, con sus complejas teorías y avances tecnológicos, nos permite explorar el cosmos a escalas antes inimaginables. Nuestros telescopios cartografían galaxias lejanas y los aceleradores de partículas revelan los secretos del universo subatómico. Estos descubrimientos no disminuyen nuestra fe, sino que la enriquecen.

Para los deístas, el universo es el gran libro de la creación de Dios, y la ciencia es la herramienta que nos permite leerlo. Cada nuevo descubrimiento científico es visto como una revelación del plan divino. Cuanto más comprendemos cómo funciona el universo, más admiramos la grandeza de la mente que lo concibió.

La visión deísta de Dios como arquitecto del universo se alinea bien con la teoría del Big Bang, por ejemplo. Vemos el momento de la creación como el instante en que Dios estableció las leyes naturales que rigen el cosmos, permitiendo que el universo evolucionara y se expandiera con el tiempo. La teoría de la evolución de Darwin también se considera parte del plan divino, un proceso mediante el cual la vida se desarrolló y se adaptó a su entorno.

Además, la neurociencia moderna nos enseña la complejidad del cerebro humano, sede de nuestra conciencia y pensamiento. Los deístas ven la mente humana como una manifestación de la chispa divina que habita en todos. La capacidad de cuestionar, reflexionar y buscar la verdad se considera un don de Dios, que nos permite buscar el conocimiento divino.

En la era moderna, nuestra comprensión de Dios se amplía a medida que integramos los avances científicos con nuestra espiritualidad. El misterio divino no disminuye con el progreso de la ciencia, sino que se hace más profundo y complejo. Creemos que a medida que exploramos el cosmos y la mente humana, nos acercamos cada vez más a la comprensión de Dios como el gran arquitecto y creador de todo lo que existe.

En el deísmo, entendemos que Dios está intrínsecamente ligado al misterio insondable que impregna el universo. El misterio universal es la esencia de todo lo que existe, y Dios es la manifestación de este misterio en nuestro entendimiento humano. Es como contemplar la inmensidad del océano y reconocer una sola gota como parte integrante de él.

La visión deísta de Dios como expresión del misterio universal nos invita a abrazar la humildad ante la grandeza del cosmos. Reconocemos que, a pesar de todos los avances científicos y filosóficos, nuestra comprensión tiene límites. Somos como niños ante un vasto horizonte de conocimiento, que apenas comienza a desentrañar sus secretos.

Esta humildad ante el misterio universal nos inspira a buscar una conexión más profunda con Dios a través de la contemplación y la reflexión. Los deístas ven en la meditación y la introspección poderosas herramientas para conectar con lo divino. Silenciando nuestras mentes y abriendo nuestros corazones, podemos sentir la presencia de Dios más intensamente.

La espiritualidad deísta se enriquece al comprender que, aunque exploremos el misterio del cosmos y de la mente humana, hay aspectos de lo divino que seguirán siendo insondables. Esto nos recuerda que la búsqueda de Dios es un viaje continuo, que nunca termina del todo. Cada respuesta revela nuevas preguntas, y cada descubrimiento nos lleva a explorar más.

La visión deísta de Dios como expresión del misterio universal también nos enseña a apreciar la belleza y la complejidad de la creación. Cada aspecto de la naturaleza, desde la majestuosidad de una montaña hasta la delicadeza de una flor, es visto como una manifestación de lo divino. Dios está presente en todas las cosas, y nuestra tarea consiste en reconocerlo en la maravilla del mundo que nos rodea.

Así pues, al explorar la concepción de Dios como expresión del misterio universal, se nos invita a abrazar la humildad, la contemplación y el aprecio de la creación. Vemos la espiritualidad como un viaje que nos adentra en el misterio, buscando siempre una comprensión más profunda de lo divino.

Es esencial subrayar que la búsqueda del conocimiento divino es un viaje continuo, lleno de reflexiones y descubrimientos. El deísmo no es una fe estática, sino una filosofía que nos anima a explorar constantemente la relación entre la humanidad y Dios.

El deísmo es una filosofía que celebra la libertad de pensamiento y la búsqueda de la verdad. No es una fe que exija conformidad, dogmas rígidos o creencias fijas. Por el contrario, es una llamada a explorar, cuestionar y reflexionar. Es un viaje que nos desafía a crecer espiritualmente y a convertirnos en personas más compasivas y conscientes.

Nuestro viaje en el Deísmo es como un paseo por una carretera sin fin. A medida que avanzamos, encontramos paisajes diversos, retos inesperados y sorpresas gratificantes. Cada paso es una oportunidad para aprender y crecer.

Capítulo 19
La Humanidad y la Búsqueda de Dios

Al contemplar la naturaleza de la búsqueda de Dios y el camino del Deísmo, es importante subrayar la unidad subyacente de toda la humanidad en este empeño. Independientemente de nuestro origen, cultura o creencias individuales, la búsqueda de lo divino es una constante que nos conecta como seres humanos.

Nuestros antepasados de diferentes culturas y épocas buscaron comprender lo trascendental, expresándolo de diversas maneras. Las religiones y filosofías que han surgido a lo largo de la historia fueron intentos de captar y comprender la divinidad, reflejando la búsqueda innata de conexión con algo más grande que nosotros mismos.

El deísmo, con su énfasis en la razón, la libertad de pensamiento y la búsqueda de la verdad, encaja armoniosamente en este tapiz universal. Es una manifestación de la búsqueda humana por comprender lo divino, una búsqueda que trasciende las fronteras geográficas y temporales.

En este sentido, el deísmo nos recuerda que, aunque tengamos distintos enfoques de la espiritualidad, todos compartimos la misma aspiración a una comprensión más profunda del cosmos y del papel de la humanidad en él. Todos somos peregrinos en el viaje del conocimiento.

Cuando afrontamos nuestras diferencias y abrazamos nuestra unidad en la búsqueda de Dios, encontramos un terreno común que nos une como seres humanos. Este entendimiento compartido nos invita a abrazar la diversidad de perspectivas y a celebrar la belleza de la búsqueda espiritual en todas sus formas.

Por tanto, el deísmo nos recuerda no sólo la importancia de la búsqueda personal de la verdad, sino también nuestra conexión con toda la humanidad en esta búsqueda eterna. Que podamos continuar nuestro viaje espiritual con humildad, compasión y un profundo respeto por los demás, reconociendo que todos compartimos el deseo de alcanzar lo divino.

En la relación entre el deísmo y la búsqueda de Dios, es fundamental tener en cuenta la diversidad religiosa que impregna nuestra sociedad. Vivimos en un mundo rico en tradiciones espirituales, cada una con su propia visión de Dios. El deísmo nos invita a abrazar esta diversidad y a buscar la reconciliación entre las distintas creencias religiosas.

El respeto a la pluralidad de creencias es esencial para promover el entendimiento y la armonía entre las personas. El deísmo nos enseña que, aunque tengamos diferentes perspectivas sobre Dios, todos compartimos el objetivo de comprender algo más grande. Esta comprensión común puede unirnos en un espíritu de cooperación y respeto mutuo.

La reconciliación con la diversidad religiosa también implica reconocer que ninguna visión individual de Dios es absoluta. Cada tradición espiritual tiene sus propias verdades y puntos de vista valiosos, y podemos aprender mucho explorando estas diferencias. En lugar de ver la diversidad como un obstáculo, el deísmo nos anima a verla como una oportunidad de enriquecimiento espiritual.

De este modo, podemos trabajar juntos para construir un mundo en el que se respete la libertad religiosa y en el que personas de todas las creencias puedan coexistir pacíficamente. A medida que avanzamos en el viaje de la búsqueda de Dios, debemos recordar que, aunque recorramos caminos diferentes, todos estamos unidos en la búsqueda de la verdad espiritual y la conexión con lo divino.

Al explorar la relación entre el deísmo y la búsqueda de Dios, es crucial considerar el diálogo permanente entre ciencia y espiritualidad. En los tiempos modernos, la ciencia ha desempeñado un papel importante en la comprensión del universo y de la existencia humana. El deísmo nos invita a abrazar este diálogo y a explorar cómo la ciencia y la espiritualidad pueden coexistir armoniosamente.

Para los deístas, ciencia y espiritualidad no se excluyen mutuamente; al contrario, son complementarias. La ciencia nos ofrece una ventana para comprender las leyes naturales que rigen el cosmos, mientras que la espiritualidad nos invita a explorar cuestiones más profundas sobre el sentido de la existencia y nuestra conexión con Dios.

El método científico, con su énfasis en la observación, la experimentación y el análisis lógico, nos proporciona una base sólida para explorar el mundo material. Al mismo tiempo, la espiritualidad nos invita a explorar el mundo interior de la conciencia, la moral y la trascendencia.

La comprensión moderna del cosmos, con sus sorprendentes descubrimientos sobre la naturaleza del universo, no tiene por qué verse como una amenaza para la fe deísta. Por el contrario, podemos verla como una oportunidad para maravillarnos ante la complejidad y la belleza de la creación. La ciencia nos ayuda a comprender cómo funciona el universo, mientras que la espiritualidad nos ayuda a dar sentido a ese funcionamiento.

Nuestra búsqueda de Dios no tiene por qué ignorar los avances científicos; al contrario, se enriquece con ellos. La visión deísta de Dios como arquitecto del universo se alinea con muchos principios científicos que describen el cosmos como una creación interconectada regida por leyes naturales.

Por tanto, invitamos a los científicos a explorar las profundidades de la espiritualidad y a los buscadores espirituales a abrazar el conocimiento científico con curiosidad y asombro. El deísmo nos recuerda que la búsqueda de Dios y la búsqueda de la comprensión del mundo natural pueden coexistir, formando un viaje enriquecedor que nos acerca a una comprensión más profunda del universo y de nuestra conexión con lo divino.

Para los deístas, la creencia en un Dios que no interfiere directamente en los asuntos humanos no resta importancia a la espiritualidad y a la conexión con lo divino en nuestra vida cotidiana.

A menudo se considera a Dios como una fuente de inspiración para la búsqueda de la verdad, el conocimiento y la mejora personal. La visión deísta de un Dios que estableció leyes naturales y permitió a la humanidad descubrirlas a través de la razón nos anima a explorar el mundo con una mente abierta y curiosa. Esto nos inspira a buscar respuestas a los misterios del cosmos y a comprender mejor el propósito de nuestra existencia.

La guía divina también desempeña un papel fundamental en la vida de un deísta. Aunque creemos que Dios no interviene directamente en nuestras vidas, la visión de un Dios que ha establecido un orden divino en el universo nos anima a actuar de forma ética y moral. Buscar la guía divina nos ayuda a tomar decisiones meditadas, actuar con compasión y vivir de acuerdo con principios elevados.

Además, Dios sirve como fuente de consuelo y esperanza en tiempos de desafío y adversidad. La espiritualidad deísta nos enseña a confiar en la sabiduría divina y a encontrar sentido incluso en las situaciones más difíciles. Dios es el faro que nos guía a través de las tormentas de la vida, ofreciéndonos consuelo y fuerza interior.

En nuestro continuo viaje en busca de Dios, comprendemos que su inspiración y guía son tesoros que enriquecen nuestras vidas. Vemos la espiritualidad como un camino que nos ayuda a crecer como personas y a contribuir a un mundo mejor. Cuando estamos inspirados por Dios y guiados por principios elevados, estamos mejor preparados para afrontar los retos de la existencia humana con dignidad y compasión.

Como profesor de deísmo, es mi deber explicar cómo los principios y creencias que hemos discutido antes pueden traducirse en acciones y actitudes que den forma a nuestras vidas.

La filosofía deísta en la práctica hace hincapié en la importancia de buscar constantemente el conocimiento divino y aplicar este conocimiento a nuestra existencia terrenal. El deísmo nos anima a cultivar una mente abierta e inquisitiva, a cuestionar las creencias establecidas y a explorar los misterios del universo.

Para un deísta, la práctica del deísmo implica la búsqueda activa de la verdad, la comprensión de la naturaleza divina y la mejora de la propia conexión con Dios. Esto puede lograrse mediante la reflexión, la meditación y la búsqueda del conocimiento en diversas formas, como la ciencia, la filosofía y el arte.

La ética y la moral desempeñan un papel central en la filosofía deísta en la práctica. Creemos que actuar con ética y compasión es una expresión directa de nuestra conexión con Dios. Por eso, nos esforzamos por vivir según principios elevados, tratando a los demás con respeto, compasión y justicia.

La filosofía deísta también nos lleva a reconocer la importancia de la libertad de pensamiento y creencia. Valoramos la autonomía individual y respetamos las distintas formas de espiritualidad y creencia. Creemos que cada persona tiene derecho a buscar su propia comprensión de Dios y del universo, siempre que lo haga con integridad y respeto hacia los demás.

Al practicar el deísmo, tratamos de vivir una vida equilibrada, en la que la espiritualidad y la razón coexistan armoniosamente. Valoramos la vida terrenal como una preciosa oportunidad para el crecimiento espiritual y el autoconocimiento. Vemos cada reto como una oportunidad de aprendizaje y cada momento de alegría como un don divino.

Por tanto, la filosofía deísta en la práctica es una invitación a vivir una vida plena, guiada por la búsqueda de la verdad, la ética y la conexión con lo divino. Es un viaje de autodescubrimiento y crecimiento espiritual que nos ayuda a dar sentido a la existencia y a contribuir a un mundo más compasivo y armonioso.

Capítulo 20
Dios Como Expresión del Misterio Universal

Hasta ahora, he intentado orientarnos en la dirección que conduce a una comprensión profunda de cómo el Deísmo se relaciona con la búsqueda universal de Dios y cómo aplicamos esta filosofía en nuestra vida cotidiana. Ahora, nos adentramos en las profundidades del misterio universal y exploramos cómo se percibe a Dios como su máxima expresión.

Para nosotros, los deístas, Dios es visto como la manifestación suprema de este misterio que impregna todo el universo. Vemos el universo como una maravilla insondable, llena de orden y belleza, que refleja la inteligencia del Creador. Cada descubrimiento científico, cada observación atenta de la naturaleza, nos lleva a un profundo sentimiento de reverencia ante el misterio cósmico.

La visión de Dios como expresión del misterio universal nos inspira a explorar, cuestionar y buscar el conocimiento incesantemente. Reconocemos que nuestra comprensión de Dios y del universo es limitada, pero esta limitación no nos impide continuar la búsqueda. Al contrario, nos motiva a perseverar en la exploración de este misterio infinito.

La espiritualidad deísta está profundamente influida por esta percepción de Dios como misterio universal. Nuestra conexión con lo divino no se limita a rituales o dogmas, sino que es una búsqueda continua para desentrañar los secretos del cosmos y comprender nuestra propia existencia dentro de este contexto.

Contemplar este misterio nos lleva a un profundo sentimiento de humildad y asombro. Reconocemos que formamos parte de algo mucho más grande que nosotros mismos y que nuestra existencia es un pequeño fragmento de este misterio cósmico. Esta humildad nos anima a actuar con compasión y responsabilidad hacia el planeta y todas las formas de vida que lo habitan.

Por eso, la visión de Dios como expresión del misterio universal es una piedra angular de la espiritualidad deísta. Nos conecta con la grandeza del universo y nos inspira a buscar la verdad y la comprensión, al tiempo que vivimos con gratitud y respeto por el misterio que nos rodea.

A medida que avanzamos en nuestra exploración del deísmo y la visión de Dios como expresión del misterio universal, es crucial considerar cómo se alinea esta comprensión con la era moderna y los avances en la comprensión del universo y la existencia humana.

En la era moderna, hemos sido testigos de extraordinarios avances en la ciencia, la cosmología y la filosofía. Nuestra comprensión del universo se ha ampliado exponencialmente, y muchas de las antiguas concepciones sobre el cosmos se han revisado a la luz de las nuevas pruebas y teorías científicas.

Para nosotros, los deístas, esta expansión del conocimiento no se ve como una amenaza para la espiritualidad, sino como una oportunidad para profundizar en nuestra comprensión de Dios. Vemos la ciencia como una poderosa herramienta para explorar el misterio del universo, que consideramos una manifestación de la divinidad.

La teoría del Big Bang, por ejemplo, no contradice la visión de Dios como creador del universo, sino que profundiza nuestra apreciación de la majestuosidad de este acto creativo. Vemos la evolución como un proceso que revela la complejidad y diversidad de la vida, sin negar la posibilidad de una inteligencia detrás de este proceso.

Nuestra comprensión de Dios en la era moderna está moldeada por el asombro que sentimos al contemplar la inmensidad del espacio, las leyes fundamentales de la física y la intrincada red de la vida en la Tierra. Mientras que muchas creencias religiosas tradicionales luchan por conciliar sus dogmas con la ciencia moderna, los deístas abrazamos esta convergencia como una oportunidad de crecimiento espiritual.

La visión de Dios como expresión del misterio universal nos lleva a una apreciación más profunda de la complejidad e interconexión de todas las cosas. Vemos el universo como una obra de arte en constante evolución, y nuestra comprensión científica es sólo una forma de desvelar sus secretos.

Por tanto, en la era moderna, nuestra comprensión de Dios se amplía a medida que profundizamos en nuestro conocimiento del universo. La visión deísta nos invita a abrazar la búsqueda del conocimiento divino como un viaje continuo, en el que la ciencia y la espiritualidad no están en conflicto, sino que se complementan.

Nuestra búsqueda de Dios en la era moderna está iluminada por la luz de la razón y el brillo de las estrellas. Seguimos explorando el misterio universal, al tiempo que abrazamos los avances científicos y filosóficos como peldaños en nuestro viaje espiritual. Comprender a Dios es una búsqueda sin fin, que nos eleva, nos inspira y nos conecta con el cosmos y con nuestra propia esencia divina.

Continuando en nuestro viaje de comprensión del deísmo y de la visión de Dios como expresión del misterio universal, es esencial explorar más profundamente cómo esta concepción influye en la espiritualidad deísta.

Para nosotros, los deístas, la idea de que Dios es la manifestación de este misterio cósmico eleva nuestra espiritualidad a un nivel superior de contemplación y asombro. Cuando contemplamos el cosmos, las leyes naturales que lo rigen y la intrincada red de la vida en la Tierra, vemos el reflejo de lo divino en todo.

Esta visión inspira un profundo sentido de reverencia hacia la creación y el universo en su conjunto. Es una llamada a la contemplación silenciosa, a admirar las maravillas de la existencia y a buscar constantemente la comprensión de las complejidades del mundo.

La espiritualidad deísta no se limita a rígidos rituales o dogmas; se manifiesta en la búsqueda continua de la conexión personal con el misterio universal. En lugar de adherirnos a prácticas religiosas prescritas, a los deístas se nos anima a explorar lo divino a través de la observación de la naturaleza, la reflexión filosófica y la búsqueda del conocimiento.

Este enfoque espiritual flexible y abierto permite a cada persona encontrar su propio modo de conectar con Dios. Algunos pueden buscar inspiración en la contemplación de las estrellas, mientras que otros pueden encontrar a Dios en la belleza del arte o en la profundidad de la filosofía. La espiritualidad deísta es una búsqueda personal y única que honra la diversidad de las experiencias humanas.

Además, esta visión de Dios como expresión del misterio universal nos lleva a un profundo respeto por la interconexión de todas las formas de vida. Reconocemos que formamos parte de un todo mayor, que todas las criaturas comparten el mismo origen divino y que todos somos guardianes de la Tierra.

Por tanto, la espiritualidad deísta también se manifiesta en un profundo compromiso con la ética y la responsabilidad medioambiental. Vemos la preservación del medio ambiente como una expresión práctica de nuestra devoción a lo divino, cuidando de la creación que se nos ha confiado.

La visión de Dios como expresión del misterio universal enriquece la espiritualidad deísta. Nos invita a contemplar la belleza y la complejidad del universo, a buscar a Dios en nuestras experiencias individuales y a actuar con responsabilidad hacia el mundo natural. Esta espiritualidad es un viaje continuo de reflexión y descubrimiento que nos conecta más profundamente con el misterio que impregna toda la existencia.

Al explorar la visión deísta de Dios como expresión del misterio universal, es natural que surjan preguntas sobre la relación entre esta perspectiva y las instituciones religiosas tradicionales, así como sobre la espiritualidad individual.

Los deístas reconocemos que, a lo largo de la historia, la humanidad ha desarrollado diversas religiones y creencias espirituales, cada una con su propia interpretación de Dios y sus rituales específicos. Sin embargo, el deísmo se distingue por su enfoque más libre y su distanciamiento de las estructuras religiosas convencionales.

Para nosotros, Dios es percibido como el creador del universo y de las leyes naturales que lo rigen, no como una deidad que interfiere directamente en la vida humana o exige devociones rituales. Este punto de vista puede plantear dudas sobre la relación entre el deísmo y las religiones organizadas.

Es importante destacar que muchos deístas respetan las creencias religiosas de los demás y reconocen el valor de las instituciones religiosas para proporcionar orientación moral, apoyo comunitario y un espacio para la expresión espiritual. Sin embargo, optan por seguir un camino espiritual más independiente, basado en la razón, la observación de la naturaleza y la búsqueda personal de lo divino.

Esta independencia espiritual no impide a los deístas entablar un diálogo constructivo con quienes tienen creencias religiosas diferentes. Pueden compartir perspectivas sobre cuestiones éticas y morales, colaborando en pro de un mundo más compasivo y tolerante.

Además, la espiritualidad deísta fomenta la reflexión individual y el desarrollo de la moral personal. Los deístas creemos que una conexión directa con Dios a través de la contemplación de la naturaleza y la búsqueda del conocimiento puede inspirar una ética basada en la comprensión y el respeto.

La visión de Dios de los deístas va más allá de la mera contemplación intelectual. Para nosotros, Dios es una fuente constante de inspiración y guía. Comprender a un Dios que estableció las leyes naturales y permitió que la razón humana las descubriera tiene profundas implicaciones para nuestro camino personal.

Vemos a Dios como la esencia del conocimiento y la sabiduría. La búsqueda del conocimiento divino no es sólo una actividad intelectual, sino también un viaje espiritual. Creemos que al comprender las leyes de la naturaleza y el orden del universo, nos acercamos a Dios de una manera significativa.

Dios sirve de brújula moral en nuestras vidas. Al tratar de comprender lo divino, también tratamos de vivir de acuerdo con principios éticos y morales que respeten la dignidad humana y promuevan el bien común. Ver a Dios como una presencia que nos guía nos ayuda a tomar decisiones informadas y éticas en nuestras vidas.

Además, Dios es una fuente constante de inspiración. Contemplar la belleza y la complejidad de la naturaleza nos llena de asombro y reverencia. Este asombro nos inspira a crear, explorar, innovar y buscar el bien en nuestro mundo. Vemos la creatividad humana como una extensión de la creatividad divina.

La visión deísta de Dios como fuente de inspiración y guía no nos aleja del mundo, sino que nos implica aún más profundamente en él. Valoramos la vida y la experiencia humana, encontrando sentido en las interacciones cotidianas, los logros personales y el impacto que podemos tener en el mundo que nos rodea.

Nuestra espiritualidad no está aislada, sino integrada en la vida cotidiana. Buscamos constantemente comprender lo divino en nuestras acciones y en nuestra búsqueda de conocimiento. No vemos a Dios como un espectador distante, sino como un guía constante que nos motiva a ser mejores, a explorar nuestra conexión con el cosmos y a contribuir al bienestar de la humanidad.

Así, la visión deísta de Dios como fuente de inspiración y guía no es sólo teórica; es una fuerza dinámica que nos impulsa a buscar la verdad, a vivir con integridad y a marcar la diferencia en el mundo. Es una llamada constante a la autenticidad, la compasión y la búsqueda del conocimiento divino en todos los aspectos de la existencia.

Capítulo 21
La Filosofía Deísta en la Práctica

La filosofía deísta, querida, no se limita a un conjunto de ideas abstractas, desprovistas de aplicación práctica. Al contrario, es una filosofía que se traduce en acciones y directrices para nuestra vida cotidiana. Al explorar cómo pueden aplicarse en la práctica los principios y creencias deístas, encontramos una filosofía que enriquece y da sentido a nuestra existencia.

En primer lugar, el deísmo nos impulsa a vivir con autenticidad. Creemos que entender a Dios como una fuerza creadora y orientadora nos inspira a ser fieles a nosotros mismos. No nos sometemos a dogmas religiosos rígidos ni a interpretaciones estrechas de la espiritualidad. Por el contrario, se nos anima a buscar nuestra propia comprensión de Dios y a vivir de acuerdo con nuestras convicciones personales.

La autonomía moral es un pilar fundamental del deísmo. Creemos que cada individuo posee la capacidad de discernir lo que está bien y lo que está mal basándose en la razón y la ética. Esto significa que somos responsables de nuestros actos y decisiones. Al aplicar esta autonomía moral en la vida cotidiana, buscamos actuar éticamente, promoviendo la justicia y el bienestar de todos.

La filosofía deísta también nos invita a buscar constantemente el conocimiento divino, y esta búsqueda no se limita a los templos o a los rituales religiosos. Está presente en cada momento de la vida. Valoramos la educación, la investigación y la exploración intelectual como formas de acercarnos a Dios. Comprender el mundo natural y las leyes que lo rigen se considera una forma de reverenciar la creación divina.

La compasión y la empatía son valores esenciales. Creemos que, al comprender la interconexión de toda la vida y la presencia divina en cada ser humano, estamos llamados a tratar a los demás con compasión y respeto. Esta comprensión nos motiva a buscar activamente formas de aliviar el sufrimiento humano y promover el bienestar de todos.

Aplicar la filosofía deísta en la práctica no nos aísla del mundo; al contrario, nos implica aún más profundamente en él. Nos motiva ser agentes de cambio positivo en nuestra comunidad y en el mundo en general. Creemos que, al vivir de acuerdo con nuestros principios deístas, contribuimos a construir un mundo más justo, compasivo y armonioso.

Así pues, el deísmo no es una filosofía pasiva, sino una llamada a la acción. Es un enfoque de la vida que nos desafía a vivir con integridad, a buscar el conocimiento divino, a practicar la compasión y a trabajar por el bien común. Es una filosofía que transforma nuestra existencia cotidiana en un viaje de sentido y propósito.

La concepción de Dios como expresión del misterio universal es un elemento central del deísmo, y esta idea sigue inspirándonos e influyendo en nuestra espiritualidad. Cuando contemplamos el universo y su inmensidad, se nos recuerda que hay algo más allá de nuestra comprensión racional, algo que trasciende nuestros sentidos y conocimientos.

En el deísmo, vemos a Dios como la manifestación de este misterio universal. Es el principio creador de todo lo que existe, la fuente del orden y la belleza del universo. La apreciación de este misterio nos invita a un profundo sentido de reverencia y humildad ante la grandeza del cosmos.

Al mismo tiempo, esta visión de Dios como misterio universal nos anima a buscar el conocimiento y la comprensión. Creemos que la razón humana es un don precioso que nos permite explorar el mundo natural, desentrañar sus secretos y comprender las leyes que lo rigen.

Además, entender a Dios como expresión del misterio universal nos recuerda la interconexión de todas las cosas. La vida en la Tierra está intrínsecamente ligada al universo, y cada ser humano forma parte de esta compleja red de existencia. Esta conciencia nos motiva a actuar con responsabilidad hacia el planeta y todas las formas de vida que lo habitan.

A nivel personal, esta visión de Dios como misterio universal nos invita a la contemplación y la meditación. Buscamos momentos de quietud y reflexión para conectar con esta presencia divina que impregna el cosmos. Estos momentos de contemplación nos ayudan a encontrar la paz interior y a profundizar en nuestra conexión con lo divino.

La espiritualidad deísta es una búsqueda constante para comprender este misterio universal. No tenemos dogmas rígidos ni rituales prescritos, sino un enfoque abierto y exploratorio de la espiritualidad. Se anima a cada persona a encontrar su propio modo de conectar con Dios y explorar el misterio divino.

Nuestra espiritualidad está marcada por la libertad y la búsqueda individual de la verdad. Valoramos la diversidad de perspectivas y creencias, pues reconocemos que cada persona tiene una visión única de lo divino. Esta apertura nos enriquece y nos permite aprender de los demás.

Dios como expresión del misterio universal nos inspira a contemplar la grandeza del cosmos, a buscar el conocimiento divino, a actuar con responsabilidad hacia la Tierra y a encontrar la paz en la reflexión espiritual. Esta visión nos motiva a vivir con un profundo sentido de conexión con el universo y a explorar continuamente el misterio de la existencia.

A medida que avanzamos en el debate sobre la comprensión de Dios en el deísmo, es crucial considerar cómo se alinea esta visión con la comprensión moderna del cosmos y de la existencia humana. La era moderna ha traído consigo avances significativos en la ciencia, la filosofía y la comprensión del universo, y los deístas no han sido ajenos a estas transformaciones.

En el mundo moderno, nuestra comprensión del universo y de la naturaleza se ha visto enriquecida por la ciencia. La astronomía nos ha revelado la inmensidad del universo, con miles de millones de galaxias y sistemas solares, desafiando nuestra anterior comprensión del cosmos. Sin embargo, esta expansión del conocimiento cósmico no ha disminuido la visión de Dios en el deísmo; al contrario, ha profundizado nuestro aprecio por la complejidad y la belleza de la creación divina.

Los avances en biología y la teoría de la evolución también han aportado una nueva perspectiva sobre la vida en la Tierra. La constatación de que todos los seres vivos comparten un antepasado común no contradice la visión de Dios como creador, sino que pone de relieve la maravilla de la diversidad de la vida y la interconexión de todas las formas de vida.

En el campo de la filosofía, pensadores modernos como Immanuel Kant y David Hume han influido en nuestra comprensión de Dios. Kant sostenía que la existencia de Dios no puede probarse empíricamente, pero que la idea de Dios es fundamental para la moral y la razón práctica. Este enfoque resuena con el deísmo, que considera la razón como una herramienta esencial para comprender a Dios.

La visión de Dios en el deísmo también concuerda con el énfasis moderno en la libertad individual y la autonomía moral. El libre albedrío y la responsabilidad personal son valores fundamentales, y el deísmo valora la capacidad humana de tomar decisiones éticas y morales basadas en la razón y el entendimiento divino.

La era moderna también ha traído avances en la comprensión de la psicología humana, que pueden relacionarse con la visión de Dios en el deísmo. La psicología nos enseña aspectos de la mente humana, como la espiritualidad y la búsqueda de sentido. La visión de Dios como fuente de inspiración y guía en la vida cotidiana encaja bien con la búsqueda humana de propósito y conexión espiritual.

La concepción de Dios del deísmo no sólo sigue siendo relevante en la era moderna, sino que se ve enriquecida por los avances en el conocimiento científico, filosófico y psicológico. El deísmo sigue ofreciendo una visión de Dios coherente con la comprensión contemporánea del universo y de la existencia humana, manteniendo su atractivo como enfoque espiritual significativo para muchos.

Para los deístas, Dios no es sólo una entidad lejana que creó el universo, sino una manifestación del profundo misterio que impregna toda la existencia.

La búsqueda del conocimiento divino en el deísmo es, en última instancia, una búsqueda de la comprensión de este misterio universal. Es un viaje espiritual que nos lleva a explorar las profundidades del universo, tanto externa como internamente. A través de la contemplación de la naturaleza y la reflexión sobre nuestras propias vidas, buscamos desvelar los secretos del misterio divino.

La espiritualidad deísta valora la conexión directa con el misterio universal. No confiamos en intermediarios religiosos, dogmas rígidos o rituales prescritos para acercarnos a Dios. En su lugar, buscamos una relación personal e íntima con lo divino, permitiendo que nuestra propia experiencia y comprensión guíen nuestro camino espiritual.

La contemplación de la naturaleza y la autorreflexión son prácticas valoradas en el deísmo, ya que nos permiten profundizar en el misterio universal.

Al observar la grandeza del universo y la complejidad de la vida, encontramos inspiración para nuestro propio cuestionamiento y reflexión espirituales.

Esta perspectiva también nos impulsa a buscar la unidad en la diversidad. Al reconocer el misterio universal como una fuerza que impregna todas las cosas, nos sentimos motivados a buscar la armonía, la comprensión mutua y el respeto por las creencias de los demás. Vemos a la humanidad como parte de un todo mayor y reconocemos la importancia de trabajar juntos en busca del entendimiento y la paz.

Capítulo 22
Dios más Allá del Espacio y del Tiempo

Permíteme conducirte por los senderos del pensamiento profundo para explorar un concepto que es a la vez desafiante y fascinante: la naturaleza de Dios en relación con el espacio y el tiempo. Como maestro deísta, mi misión es guiarte en este viaje de reflexión y contemplación.

Empecemos por reconocer que nuestra existencia está intrínsecamente ligada a un universo tridimensional, donde el espacio y el tiempo son las coordenadas que conforman nuestra comprensión de la realidad. El mundo que nos rodea se despliega ante nosotros, desde la oscuridad del pasado hasta el misterio del futuro. Sin embargo, nuestra visión del mundo se limita a estos parámetros, y es en este punto donde empezamos a preguntarnos por la naturaleza de Dios.

Existe una dimensión invisible, una realidad más allá del alcance de nuestros sentidos físicos y de la lógica temporal. En esta esfera no se aplican las leyes que rigen nuestro universo tridimensional. Es en este ámbito oculto donde podemos empezar a vislumbrar la verdadera esencia de Dios.

Como seres tridimensionales, estamos confinados a una realidad que se despliega ante nuestros ojos, regida por las coordenadas del espacio y el tiempo. Sin embargo, el concepto de Dios trasciende estas coordenadas, y es en esta dimensión invisible donde Él reside. Del mismo modo que un habitante de un plano bidimensional no puede percibir la tercera dimensión, los seres tridimensionales estamos limitados en nuestra capacidad de comprender lo que hay más allá del espacio y el tiempo.

Por supuesto, cuando me refiero a un habitante de la segunda dimensión, la mente rápidamente trata de asociar el concepto con algo que puede procesar, por lo que es importante subrayar que los habitantes de la segunda dimensión son ficticios. Un ejemplo clásico de habitante de la segunda dimensión lo encontramos en la figura de un ser ficticio llamado «Flatlander». Flatland es un libro escrito por Edwin A. Abbott en 1884, que describe un mundo bidimensional habitado por figuras planas. Los personajes de este mundo son simples polígonos, como cuadrados, triángulos y círculos, que viven en un plano bidimensional, incapaces de percibir la existencia de la tercera dimensión.

Los habitantes de Flatland no tienen altura, profundidad ni capacidad para salir de su plano. Para ellos, todo lo que existe está contenido en esta realidad bidimensional. No pueden mirar hacia arriba ni hacia abajo, sólo hacia delante y hacia atrás. Por lo tanto, un habitante de Planilandia es un ejemplo de un ser que no puede percibir ni comprender la tercera dimensión, del mismo modo que nosotros, los seres tridimensionales, no podemos percibir directamente las dimensiones superiores.

Una vez comprendido el concepto de segunda dimensión, volvamos a la nuestra, porque vivimos en un mundo tridimensional, donde las coordenadas de espacio y tiempo conforman nuestra realidad y nuestra comprensión del universo. Sin embargo, cuando abordamos la naturaleza de Dios, nos enfrentamos a una pregunta intrigante: ¿en qué dimensión reside? Algunas tradiciones espirituales sugieren la existencia de múltiples dimensiones más allá de las tres que percibimos. Seres de la cuarta, quinta o incluso superiores dimensiones son objeto de especulación en diversas filosofías. En este contexto, podemos concluir que Dios pertenece a una dimensión aún más elevada y sutil que las que concebimos. Esta dimensión trasciende nuestras limitaciones tridimensionales y es donde puede residir la verdadera esencia divina. Así pues, al explorar la naturaleza de Dios, debemos considerar la posibilidad de que Él habite en una dimensión más allá de nuestra comprensión, un reino espiritual que trasciende los límites del espacio y el tiempo.

En este reino invisible, Dios no es sólo una figura distante, sino una presencia constante que trasciende las reglas físicas de nuestro mundo tridimensional. Él es la esencia misma de esta dimensión, una inteligencia cósmica que está más allá de nuestra comprensión. Así, la dimensión invisible se presenta como un velo que oculta la totalidad del misterio divino.

Siempre en este contexto de exploración de la naturaleza de Dios en relación con el espacio y el tiempo, es importante ahondar en la idea de una dimensión invisible que alberga lo divino. Es como si estuviéramos ante un intrincado rompecabezas cósmico, y la siguiente pieza que debemos examinar es la idea de la red cósmica.

Imaginemos el universo como una vasta red interconectada, donde cada hilo representa una parte de la existencia. Esta red lo abarca todo, desde los sistemas estelares más distantes hasta los átomos que componen nuestro cuerpo. En este contexto, somos como pequeños fragmentos interconectados de esta red universal, cada uno con su propia experiencia y conciencia, pero cada uno haciendo su parte en el todo.

Ahora consideremos que Dios es el tejedor supremo de esta red cósmica. Él no sólo la creó, sino que también la sostiene. Cada hilo, cada conexión, forma parte de Su gran obra. Sin embargo, al mismo tiempo que está intrínsecamente ligado a todos los aspectos de la red, Dios trasciende la propia red.

Esta metáfora nos permite comprender cómo Dios es omnipresente, está en todas partes a la vez, pero permanece fuera del alcance de nuestra percepción tridimensional. Del mismo modo que el tejedor conoce a fondo la telaraña que ha creado, Dios conoce todos los aspectos del universo que sustenta.

Además, la red cósmica nos ayuda a comprender cómo nuestros propios viajes individuales están interconectados. Cada elección que hacemos, cada experiencia que vivimos, es como un hilo que se entrelaza con los demás. Dios, como maestro tejedor, teje estos hilos en armonía, creando un patrón que trasciende nuestra limitada comprensión.

Ahora debemos abordar el misterio intrínseco de la existencia. Como deístas, somos conscientes de que Dios es el principio de todas las cosas, el creador del universo y del tiempo. Sin embargo, esta comprensión no nos impide reconocer el profundo enigma que rodea a la existencia misma.

La existencia es un vasto océano de infinitas posibilidades, donde cada punto es un momento en el tiempo y en el espacio. Consideremos ahora que Dios es la fuente de este océano, el origen de todas las posibilidades. Cada acontecimiento, cada elección, es como una onda en ese océano, que afecta a todas las demás ondas.

En este contexto, Dios no sólo creó el universo, sino que es la esencia misma de la realidad. Él es el núcleo de cada átomo, la fuerza detrás de cada acontecimiento y la causa de cada efecto. Pero, al mismo tiempo, Dios es mucho más que la suma de todas las partes. Él es el misterio que impregna toda la existencia, el enigma que nos desafía a explorar más profundamente.

Al contemplar este misterio, recordamos nuestra búsqueda permanente del conocimiento divino. Como parte integrante del entramado cósmico, cada uno de nosotros tiene la capacidad de comprender más profundamente la naturaleza de Dios. Al explorar el misterio de la existencia, nos acercamos a Dios, aunque su esencia trascendente siga estando más allá de nuestra comprensión.

La comprensión moderna de la evolución, tanto del universo como de la vida en la Tierra, es una manifestación del plan divino. El desarrollo de la conciencia humana y de la capacidad de pensamiento crítico también se considera una parte intrínseca del viaje espiritual.

Nuestra comprensión del cosmos y de la existencia humana está en constante evolución, al igual que nuestra comprensión de Dios. Los deístas ven a Dios como el principio eterno detrás de estos descubrimientos, un Dios que no sólo creó el universo, sino que también nos dio la capacidad de explorarlo y comprenderlo.

El misterio universal se refiere a la comprensión de que hay aspectos del cosmos y de la existencia humana que están más allá de nuestra capacidad de comprensión. Incluso con todos los avances científicos y filosóficos, hay elementos de la realidad que siguen siendo enigmáticos y desafiantes.

El misterio universal nos recuerda que, aunque podamos hacer descubrimientos notables y avanzar en nuestra comprensión, siempre habrá más por aprender y explorar. La humildad ante este misterio nos anima a permanecer abiertos al conocimiento, a la reflexión y a la búsqueda permanente de Dios.

Capítulo 23
La Naturaleza del Alma en el Deísmo

El alma se percibe como una chispa divina, la esencia inmortal que trasciende el cuerpo físico. Esta visión del alma difiere de muchas otras tradiciones religiosas que asocian el alma a un destino de recompensas o castigos tras la muerte, porque para los deístas la inmortalidad del alma es intrínseca a su naturaleza.

Es crucial darse cuenta de que, para los deístas, el alma no es una entidad separada de Dios, sino más bien una extensión de esta divinidad inmaterial y trascendental. Creemos que el alma es una chispa de conciencia divina que reside en cada ser humano, una parte fundamental de nuestra existencia que nos conecta con la esencia primordial del universo y con Dios mismo.

Esta perspectiva del alma como inmortal y su profunda relación con el cuerpo físico inspira a los deístas a valorar cada momento de la vida terrenal.

Vemos la vida como una oportunidad preciosa para el crecimiento espiritual y el autoconocimiento, porque cada acción, pensamiento y elección tiene un impacto duradero en el viaje del alma.

Al reflexionar sobre la naturaleza del alma en el deísmo, te invito a considerar el significado más profundo de la existencia. El alma es el ancla de nuestra conexión con lo divino, la luz que nos guía hacia la trascendencia. Es el recordatorio constante de que formamos parte de algo más grande.

El alma no es una entidad estática, sino un ser en constante evolución. Durante la vida terrenal, el alma experimenta una transformación profunda y significativa. Esta transformación tiene lugar a medida que aprendemos, crecemos y afrontamos los retos de la existencia.

La experiencia terrenal es el taller del alma, un lugar donde afrontamos tribulaciones y alegrías, éxitos y fracasos. Cada experiencia moldea nuestra alma, contribuyendo a nuestro crecimiento espiritual. El dolor nos enseña compasión, la adversidad nos fortalece y el amor nos conecta con la chispa divina que habita en nosotros.

Es importante darse cuenta de que, aunque el alma es inmortal, no es inmune a las influencias del mundo material. Nuestro viaje es como una escuela, un lugar de aprendizaje donde el alma acumula sabiduría y experiencia. La transformación del alma implica la asimilación de estas lecciones y la consiguiente evolución espiritual.

La relación entre el cuerpo físico y el alma desempeña un papel fundamental en esta transformación. El cuerpo sirve de contenedor que permite al alma interactuar con el mundo material. A medida que vivimos nuestras vidas, el alma absorbe las impresiones y experiencias del cuerpo, y esta interacción es fundamental para nuestro crecimiento.

El alma evoluciona a través de las elecciones que hacemos, las decisiones éticas que tomamos y las experiencias que acumulamos. La transformación del alma no es un proceso pasivo, sino un esfuerzo por ser más conscientes, más compasivos y más cercanos a Dios.

Comprender la transformación del alma nos lleva a apreciar más profundamente nuestro viaje terrenal. Cada reto que afrontamos, cada obstáculo que superamos, contribuye a nuestro crecimiento espiritual. De este modo, la vida terrenal se convierte en una preciosa oportunidad para que el alma crezca y se desarrolle.

Al considerar la naturaleza del alma en el deísmo, es esencial hacer hincapié en el propósito último de este viaje espiritual. Los deístas creen que, tras su evolución espiritual y la búsqueda del conocimiento divino, el alma está destinada a alcanzar la trascendencia.

La trascendencia, para los deístas, es el estado supremo de comunión con Dios. Es la culminación del viaje espiritual del alma, donde se funde completamente con la divinidad. En este estado, el alma se da cuenta de la verdadera naturaleza de Dios y experimenta una profunda unidad y paz espirituales.

El viaje hacia la trascendencia es una búsqueda incesante de la verdad y de la conexión con lo divino. Implica la exploración intelectual, la autorreflexión, la búsqueda continua del conocimiento divino y la práctica de valores éticos y morales. Es un viaje que desafía a la mente y alimenta el alma, conduciendo a una comprensión más profunda de uno mismo, del universo y de Dios.

Cuando el alma alcanza la trascendencia, deja de ser una entidad separada de Dios y se convierte en parte inseparable de la divinidad. Esta unión es la culminación de la búsqueda espiritual del deísta, donde la individualidad se disuelve en presencia de Dios. Es un estado de plenitud y de iluminación espiritual que supera cualquier descripción verbal.

Capítulo 24
Contribución a la Historia de la Humanidad

En la historia de la humanidad, el deísmo ha desempeñado un papel importante, sobre todo durante la llamada «Edad de la Razón». Este periodo histórico, que se extendió desde finales del siglo XVII hasta el siglo XVIII, estuvo marcado por un ferviente avance del pensamiento humano, impulsado por la búsqueda de la razón, la ciencia y la filosofía. El deísmo surgió como respuesta a muchos de los dogmas religiosos de la época y se consolidó como una filosofía que promovía la libertad de pensamiento, la razón y la búsqueda de una comprensión independiente de Dios.

Durante la Edad de la Razón, pensadores influyentes como John Locke, Voltaire y Thomas Paine comenzaron a cuestionar las concepciones tradicionales de la religión y a defender la creencia en un Dios deísta.

El deísmo dejó una huella indeleble en la historia de la humanidad, influyendo no sólo en el desarrollo intelectual, sino también en la transformación social y política de diversas partes del mundo.

La Revolución Francesa, que tuvo lugar entre 1789 y 1799, fue uno de los momentos más emblemáticos de la historia mundial, marcó una transformación radical en la estructura política y social de Francia y tuvo un impacto duradero en todo el mundo. El deísmo desempeñó un papel notable en este periodo de cambio y agitación.

Los principios de libertad, igualdad y fraternidad, pilares de la Revolución Francesa, sintonizaban con los ideales de muchos deístas de la época. Figuras como Maximilien Robespierre y Jacques Hébert, que simpatizaban con el deísmo, desempeñaron papeles destacados en la Revolución, promoviendo ideas de laicismo, separación de la Iglesia y el Estado y un enfoque más racional de la religión.

El deísmo también influyó en la Constitución Civil del Clero, promulgada en 1790, que puso a la Iglesia Católica bajo control estatal, reduciendo su poder. Los deístas veían en la religión organizada un obstáculo para la libertad de pensamiento y la búsqueda de la verdad, y la Revolución Francesa brindó la oportunidad de introducir cambios significativos en este campo. Además, la Revolución Francesa tuvo un impacto global, inspirando movimientos de emancipación y luchas por los derechos en todo el mundo.

Otro rasgo distintivo del deísmo fue la Ilustración, un movimiento intelectual que barrió Europa durante los siglos XVII y XVIII, haciendo hincapié en el poder de la razón, la ciencia y la educación para mejorar la sociedad. El deísmo estuvo intrínsecamente ligado a este periodo de ilustración, contribuyendo al desarrollo de ideas progresistas y laicas.

Filósofos deístas como Voltaire, Rousseau y Diderot produjeron obras que cuestionaban las instituciones religiosas y defendían la libertad de pensamiento y expresión. Sus críticas a las religiones reveladas y su apoyo a un Dios más abstracto y universal influyeron profundamente en el pensamiento de la Ilustración.

La Enciclopedia, uno de los mayores logros de la Ilustración, contó con la colaboración de muchos deístas notables. Diderot, redactor jefe de la obra, y otros colaboradores utilizaron esta plataforma para difundir las ideas deístas con el fin de promover la educación laica. La Enciclopedia defendía una visión más racional del mundo y del conocimiento, y sus páginas eran un vehículo para cuestionar el dogmatismo religioso.

El deísmo también tuvo un impacto significativo en las revoluciones intelectuales y políticas de la época. Los ideales de libertad, igualdad y fraternidad que surgieron durante la Ilustración estuvieron en parte influidos por las nociones de un Dios que creó a la humanidad como iguales y la dotó de razón.

El legado del deísmo en la historia de la humanidad es profundo y duradero. Sus aportaciones intelectuales y filosóficas han modelado la forma en que muchas personas perciben a Dios, la espiritualidad y la relación entre religión y razón. Muchos de los principios defendidos por los deístas, como la libertad de pensamiento, la búsqueda de la verdad a través de la razón y la separación entre religión y gobierno, siguen siendo fundamentales en las democracias y sociedades pluralistas actuales.

El deísmo también ha influido en la aparición de corrientes espirituales y religiosas más abiertas e inclusivas. Muchas personas, en busca de una espiritualidad que abrace la libertad de creencia y la razón, encuentran en el deísmo una filosofía que resuena con sus valores.

Además, el deísmo ha desempeñado un papel importante en la promoción de la tolerancia religiosa y la aceptación de diferentes puntos de vista espirituales. Su énfasis en un Dios universal e impersonal ha permitido a la gente alejarse de las divisiones sectarias y abrazar una visión más integradora de la espiritualidad.

Una de las contribuciones más notables del deísmo a la historia reciente fue su influencia en la fundación de los Estados Unidos de América. Los fundadores de la nación norteamericana estuvieron fuertemente influidos por el deísmo e incorporaron principios deístas en importantes documentos nacionales.

La Declaración de Independencia, redactada principalmente por Thomas Jefferson, incluye referencias a la «Ley de la Naturaleza y al Dios de la Naturaleza», una concepción deísta de un Dios que gobierna el universo mediante leyes naturales. Jefferson, que era deísta, defendía la separación de la Iglesia y el Estado y creía que los individuos tenían derechos inalienables conferidos por el Creador, pero sin asociación a una religión organizada específica.

La Constitución de Estados Unidos, con su enmienda que prohíbe el establecimiento de una religión oficial, también refleja la influencia deísta. Los redactores del texto constitucional reconocieron la importancia de proteger la libertad religiosa y permitir a los ciudadanos practicar sus creencias sin interferencias gubernamentales.

La influencia del deísmo en la fundación de Estados Unidos es evidente en la visión de un gobierno limitado, basado en leyes racionales, que no impone creencias religiosas específicas a los ciudadanos. Este planteamiento refleja los principios de libertad, igualdad y tolerancia que tanto apreciaban los deístas de la época.

Así pues, el deísmo no sólo configuró el pensamiento filosófico y religioso, sino que también tuvo un impacto tangible en la estructura y la política de una de las naciones más influyentes del mundo. Su legado sigue haciéndose sentir en las libertades civiles y la separación entre religión y gobierno, que son fundamentales para la democracia estadounidense y para muchas otras naciones democráticas del mundo. El deísmo es, sin duda, la filosofía que trasciende las épocas y sigue inspirando a quienes buscan comprender lo divino de un modo más libre y reflexivo.

Capítulo 25
Deístas Famosos

La historia se ha visto positivamente impactada por las acciones de mentes brillantes que, en algún momento, compartieron sus obras y filosofías con la humanidad. Es innegable que esas mentes excepcionales no se sometieron a dogmas preestablecidos. Detrás de las concepciones religiosas impuestas por la fuerza o por convicción se escondían historias intrigantes, maquinaciones que desafiarían incluso a los estrategas más audaces. Es notorio que prácticamente todas las corrientes religiosas tienen sus manchas y contradicciones, lo que hace comprensible que mentes brillantes buscaran una concepción de Dios más compatible con sus notables capacidades intelectuales.

En este contexto, varias personalidades surgieron como propagadores del deísmo, una filosofía religiosa que consiguió armonizar las mentes creativas de estas figuras singulares con la espiritualidad. Entre estos notables pensadores y sus visiones de un Dios deísta, destacan los siguientes:

Isaac Newton (1643/1727): El físico y matemático inglés está considerado uno de los mayores genios de la humanidad. Formulador de las leyes de la mecánica clásica, la gravitación universal y el cálculo diferencial e integral, Newton también se dedicó al estudio de la óptica, la astronomía, la alquimia y la teología. Su creencia en un Dios que creó el universo con orden y armonía, pero que no interfería en los asuntos humanos, configuró su visión del mundo.

Voltaire (1694/1778): El filósofo y escritor francés fue uno de los principales exponentes de la Ilustración. Defensor de la libertad de expresión, la tolerancia religiosa, el progreso científico y la lucha contra la superstición, Voltaire criticó las religiones reveladas como el cristianismo, el judaísmo y el islam. Defendía la existencia de un Dios que era la causa primera de todo, pero que no intervenía en los asuntos terrenales.

Thomas Jefferson (1743/1826): Político y estadista estadounidense, autor principal de la Declaración de Independencia de Estados Unidos, fue también arquitecto, inventor, agrónomo y naturalista. Jefferson abrazó el deísmo racionalista, que rechazaba los milagros, la divinidad de Jesús y la inspiración de las Escrituras. Para él, Dios era el creador de las leyes naturales, pero no interfería directamente en la historia humana.

Benjamin Franklin (1706/1790): Científico y diplomático estadounidense, Franklin fue uno de los líderes de la Revolución Americana y contribuyó a diversos campos, como la física, la electricidad, la meteorología, la medicina y la biología. También fue periodista, editor, escritor, filántropo y abolicionista. Como deísta pragmático, Franklin veía a Dios como la fuente de la moralidad y la virtud, sin necesidad de rituales religiosos específicos.

Albert Einstein (1879/1955): Físico y filósofo alemán, Einstein revolucionó la física moderna con la teoría de la relatividad general y contribuyó a otros muchos campos, como la mecánica cuántica, la cosmología, la estadística y la filosofía de la ciencia. Recibió el Premio Nobel de Física en 1921. Einstein era un deísta panteísta, que veía a Dios como una manifestación de la belleza y la inteligencia inherentes al universo.

John Locke (1632/1704): Filósofo inglés conocido por sus aportaciones a la filosofía política y a la teoría del conocimiento. Locke creía en un Dios que concedía derechos naturales a los individuos, entre ellos la libertad y la propiedad privada. Sus ideas influyeron directamente en los fundadores de Estados Unidos.

Ethan Allen (1738/1789): Uno de los fundadores del estado de Vermont y líder de la milicia conocida como los «Green Mountain Boys». Allen era deísta y autor del libro «La razón, único oráculo de la humanidad». Sus ideas influyeron en el pensamiento político y religioso de Estados Unidos.

Ethan Allen Hitchcock (1798/1870): Militar, explorador y escritor estadounidense, conocido por sus expediciones al Oeste americano. Hitchcock era un deísta que creía en Dios como Creador y, al mismo tiempo, cuestionaba las religiones organizadas.

Thomas Paine (1737/1809): Escritor y filósofo angloamericano, autor de «Sentido común» y «Los derechos del hombre». Paine defendió el deísmo y la libertad religiosa, pues creía que la religión debía ser una cuestión personal, no impuesta por el Estado.

John Adams (1735/1826): Uno de los Padres Fundadores de Estados Unidos como nación y segundo presidente del país. Adams era un deísta que creía en un Dios creador, pero también criticaba las interpretaciones dogmáticas de las religiones organizadas.

Ralph Waldo Emerson (1803/1882): Filósofo, ensayista y poeta estadounidense asociado al movimiento trascendentalista. Emerson promovió una espiritualidad individualista y poco convencional, influida por el deísmo y el pensamiento oriental.

Henry David Thoreau (1817/1862): Escritor, poeta y filósofo estadounidense, famoso por su libro «Walden» y su ensayo «Desobediencia civil». Thoreau era un deísta que valoraba la conexión directa con la naturaleza y la búsqueda de la verdad espiritual.

Agradecimientos

En este punto crucial del viaje a través del deísmo, me gustaría expresarte mi profunda gratitud a ti, lector entregado, que has seguido esta exploración de las ideas, los principios y la filosofía que sustentan esta visión única del mundo.

Le agradecemos su inquebrantable curiosidad, su sed de conocimiento y su compromiso con la comprensión de las complejidades del deísmo. Sabemos que explorar conceptos filosóficos y espirituales puede ser a menudo un reto, pero usted persistió.

Al igual que los pioneros del deísmo desafiaron las narrativas tradicionales y propusieron una comprensión más profunda de la divinidad, tú te dedicaste a explorar estas ideas con una mente y un corazón abiertos. Tu búsqueda de la verdad a través de la razón y el pensamiento crítico se hace eco de los principios fundamentales del deísmo.

Gracias por formar parte de esta conversación y por contribuir a la comprensión colectiva del deísmo.

Esperamos que esta exploración haya enriquecido su propio viaje espiritual e intelectual.

Nuestros corazones están llenos de gratitud por tu presencia y compromiso en esta búsqueda para comprender lo divino a través de la razón y la observación. Que vuestro viaje siga iluminado por la luz de la sabiduría y la comprensión.

Con sincera gratitud,

Equipo Luan Ferr.

www.ingramcontent.com/pod-product-compliance
Lightning Source LLC
LaVergne TN
LVHW040057080526
838202LV00045B/3684